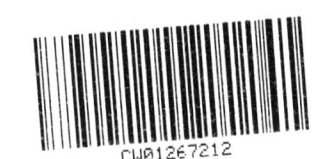

Walter Kraul

SPIELEN MIT WASSER UND LUFT

水と遊ぶ 空気と遊ぶ

Walter Kraul
Spielen mit Wasser und Luft

This book is published in Japan by arrangement with Verlag Freies Geistesleben GmbH through Jiyusha Publishing Co.,Ltd.

シュタイナー学校の自然遊びシリーズ I

水と遊ぶ 空気と遊ぶ

ヴァルター・クラウル——[著]
高橋弘子——[訳]

Walter Kraul

SPIELEN MIT
WASSER UND LUFT

地《ぢ》湧《ゆう》社

目次 CONTENTS

序文 …… 6

◆第1部◆水と遊ぶ …… 8

流れをせき止め、溝を掘って水路を作る …… 10
といと導管 …… 11
水車を作るときの一般的な注意 …… 14
木箱の用材を利用して作る水車 …… 16
Ｙ字形の木の枝で作る水車 …… 17
器を利用して作るかわいい水車 …… 19
紙やブリキの容器を利用して作る水車 …… 21
小室式水車 …… 22
水車は動力源 …… 26
水汲み水車 …… 29
水中プロペラ …… 30
はね板（ししおどし） …… 31
水圧シリンダー …… 32
水中浮遊 …… 34
水悪魔 …… 35
水中風船 …… 36
綱渡し舟 …… 36
小 舟 …… 38
自力で走る舟 …… 40
流れに逆らって走る舟 …… 41
風船ボート …… 43
水ロケット …… 44

◆第2部◆空気と遊ぶ

◆第2部◆空気と遊ぶ……46
シャボン玉……48
風船……49
音を鳴らす……50
ぶんぶん板回し……51
ぶんぶんボタン回し……53
モビール……54
紙ヒコーキ……55
紙ボールと紙風船……57
落下傘……58
ヘリコプター……60
かざぐるまと羽根車……62
風車（ふうしゃ）……64
風向・風力計……66
鳴子（変わり風車）……70
駒輪……72
帆のついた車とプロペラで走る車……73
凧……76
ブーメラン……78
帆船……79
最後に根気のいる遊び……82

あとがき……84
解説 ◆感覚体験は意志の働き◆ 高橋弘子……87

序文

この本は、水や空気と遊ぶためのきっかけを提供しようとするものです。
子どもたちは、機会さえあれば、自分から進んで水や空気と戯れ、喜んでファンタジー豊かな遊びに熱中します。そうした機会を作るお手伝いをするのが、この本の目的です。したがって、子どものためというよりは、むしろ父母や幼稚園の先生のために書かれたものだということができます。

水や空気に直接触れる遊びは、遊びの中でもっとも貴重なものです。ときには、おもちゃ・遊具——手作りのものがいちばん望ましいのですが——を通して水や風に親しむこともあります。そのための遊具の作り方にも触れますが、作り方の説明は必ずしも詳細にわたっていません。水や空気にうまくなじむように、おもちゃ・遊具を作るために知っておかねばならないことを主に述べたかったからです。
本書に書かれているような水と風を利用した遊びが、何才児にふさわしいのか、いちがいには言えません。大した遊具も使わない、きわめて簡単な遊びもあれば——そうした遊びは、満２才をすぎると始まります——、何度も根気よく試さないとうまく動かないような複雑な遊具を使う、手の込んだ遊びもあります。
しかし、いろいろと試みることこそが、水や空気という自然のエレメントとの遊びそのものなのです。そうした遊びの特性を踏まえておけば、誰にでも目的は達成できるでしょう。それぞれの年齢の子どもにはどんな遊びが大事であるかは、個々の場合で違ってきます。

水や空気を利用した遊びとの出会いは、思いのほか簡単です。子どもたちがはじめての経験を積み重ねれば、さらに欲求は高まり、それと同時に器用さも増してきます。年長児は年少児と一緒に遊ぶことを通じて、年少児が喜んで遊ぶような簡単な遊具を作り出すようになるものです。またお母さんやお父さんも、年少児や年長児と一緒に遊んだり、子どもたちの遊びをかたわらで見守りながら楽しむこともあるでしょう。ときには大人が自ら遊んだりすることも起こります。水や風は、《まじめくさった》大人たちを童心にかえらせるのです。

――水や風の勢いが強くなった場合には危険をともなう遊びもあります。その場合には、大人がそばで遊びを見守っていてあげる必要があります。

なお、本書の中で提案している遊びは、その難易度の順によるのではなく、簡単なものと手の込んだものとを交互に並べてあります。

第1部

水と遊ぶ

子どもたちにとって、手でパチャパチャと音を立てて水に触れたり、足でジャブジャブしながら水の中を歩いたりすることが、はじめての水遊びとなります。それは、お母さんたちを喜ばせる結果にならないことも多いのですが、ご理解をいただきたいと思います。

水遊びをすれば、当然濡れます。それは避けられません。しかし、だからこそ水遊びは楽しいのです。冷たい水の中であまり長く遊ばせず、遊んだあとはすぐに体をよく拭いてあげれば、別に問題はありません。

手や足で水をパチャパチャさせながら遊んだ後、子どもは水の中に石を投げ込んで、水しぶきをあげさせます。大人でも川や池に石を投げ込むことがありますが、平たい石が水面を切るようになるには、少々熟練しなければなりません。

また浴室に、ありとあらゆる浮かぶものを持ち込んで、浴槽の中で沈めたり、浮かび上がらせたりします。

それに泉もあります。泉からは昼も夜も水が湧き出て流れていますから、そこで何かをして遊ばずにはいられないでしょう。

さらに、扱いがやっかいではありますが、魅力的なのが庭のゴムホースです。その水圧は、かなりの《ばかげた事態》を引き起こします。

けれども理想的な水遊びの場は、やはりチョロチョロ流れる小川です。あまり深くなく、幅も広すぎず、流れも速くなければ、子どもにも危なくありません。ちょっとした危険のない小川、それが理想的な遊び場です。

遊びの材料は、まわりにいくらでもあります。砂、砂利、粘土、

写真１

棒切れ、それに流れ着いた板切れなど、いくらでもあります。こうした場所ですと、子どもたちは、おもちゃがなくとも何時間でも喜んで遊んでいます。

そんな場所はいまどきもうないのではと、みなさんはお考えでしょうか。ところがあるのです。きれいな水が汚染され始めるのはもっと下流、すなわち川や大河、湖、海になってからです。そうした場所では、危険であるという理由だけでなく、水が多すぎるので、子どもたちの水遊びには適しません。もっとも好ましいのは、川の水の勢いがまだ強くない、子どもたちにも安全な小川です。そうした場所にしばらくいれば、水とまわりにあるものを使って素晴らしい遊びが展開されます。

さらに、そこに手作りのちょっとした遊具が加われば、子どもたちは新たな興味を示すことでしょう。小川のほとりで休暇を過ごせば、いろいろなことが実現できるのです！

ただし、たとえ水が少ないとしても、水のまわりには常に危険が潜んでいることを子どもたちに教えるのを忘れてはなりません。人間はちょっとした水たまりでさえも溺れることがあることを、常に考慮に入れておかねばなりません。子どもたちの水遊びは、大人の監視の下で行われることが肝要です。

流れをせき止め、溝を掘って水路を作る

子どもたちは、自然に水と遊ぶ方法を心得ています。たいていは誰かに教わらなくとも、流れをせき止め始めます。小さなダムを作り、水が漏れないように隙間をふさいで、ちょっとした《湖》を作って水をためます。

最後には、せっかく苦労して作りあげたダムを壊して、水がどっと流れるのを見て喜ぶのです。

その次には、水路を掘って、別の流れを作り、元の流れを変えてしまうのです。堀った泥で、水は濁ってきますが、すぐに水の流れは澄んできて、きれいな流れとなります。

小さな木切れを小舟に見立てて、流れに浮かべて流します。小舟が停滞しないように、注意深く水の流れを変えなければなりません。また、小舟が停泊する港を上流と下流に一つずつ作ります。

時間はまたたくまに過ぎて、夕方の冷え込みがやってきます。そうなったら遊びをやめなければなりません。みんな泥んこになっていて、濡れてはいますが、心はとても幸せなはずです。

かつて私自身が見たことなのですが、大の男がアルプスの高山の雪渓を流れる水のほとりで同じような遊びをしていたのです。私がその一見まじめで落ち着いた風貌の紳士に話しかけたとき、彼はこう告白しました。

「私は今、休暇中だから、心ゆくまで遊ぶつもりです」

彼がさる大学の講師であることもわかりました。水遊びを楽しむのに、年齢は何らさまたげにならないのです。

そのような水遊びの天国が近くになくて、なかなかそんなところまで行けない人もいるでしょう。でも、砂場でも同じような遊びが楽しめます。砂場に溝を掘って水路を作り、そこにバケツに汲んだ水を流すのです。

ドイツのハンブルグ市を流れるアルスター川近くのファルムセン地区には、公共の遊び場に模範的な設備があります。手動式のポンプを使って地下水を汲み上げ、ゆるやかな傾斜をつけた板張りの面

に流すというものです。その板張りの斜面の上に、砂場の砂をたっぷり使ってダムを作ります。その板張りの斜面を流れ落ちた水はすべて水路にはいり、それから次の板張りの斜面へと流れます。こうした斜面が三段に設置されており、大いに楽しめます。

ポンプで水を汲み上げるのは、たいていお父さんの役目です。

といと導管

もう一つ、水を流す遊びとして、木製の「とい」を伝わらせるものがあります。この遊びは、砂場ならどこでもできますが、砂利を積み上げたところ、あるいは小川の乾いた河床、傾斜のある草地でもいいでしょう。

まず大人が、細長い板をＶ字形もしくはＵ字形になるように組み合わせて釘を打ち、といを作ります。子どもたちは、そのといを斜面に置いてゆるやかな傾斜を作り、その中を水が流れ落ちるようにします。途中に小さな滝を作ってもいいでしょう（図2）。

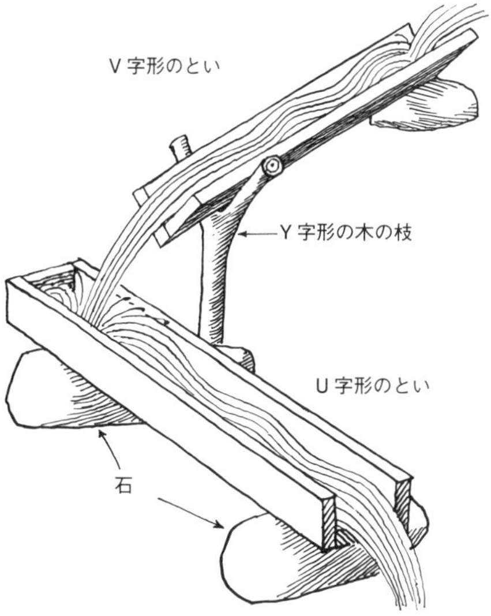

図2

といを固定するためには、Ｙ字形の木の枝を地面に差し込んだり、大きめの重い石を敷いてその上にといを乗せます。仕掛けができあがったら、上からといに水を注ぎ込み、その水がといを伝わって流れ落ちるのを見て楽しみます。

仕掛けを手直しする必要が生じることもあるでしょう。それも遊びのうちにはいります。さらに規模を大きくしたり、全面的に作り直すこともあります。

お父さんが、といを支える木製の架台を作ってあげれば、玉ころがしのレーンに似た《水の通り道》ができあがります。その際、この装置が動かせるようにしておきましょう。しっかり組み立ててしまうと、遊びは上から水を注ぎ入れて眺めていることだけに限られてしまいます。

このような水路は、大規模なものが作られています。古代ローマの人々を思い起こしてください。彼らは、建築資材に石を用いて数キロメートルにもおよぶ水道橋を作りあげ、それを《アグアドゥクト》と名づけました。今日でもなお、その遺跡には目を見張るものがあります。

さらにのちになると、木の幹をくり抜いて作った管が埋設されるようになりました。この方法を遊びに取り入れることもできます。つまり砂場に砂の山を作って、その中に管を通して水を流すのです。鉄製でも銅製でもプラスチック製でもかまいませんが、管を１本用意します。ゴムホースを適当な長さに切ったものでもいいでしょう。曲がりやすい管を使った場合、注ぎ口から水が勢いよく流れ込むようにすれば、途中で管が上っていても水は流れます。ただし、注ぎ口は、必ず出口よりも高い位置にします。

土木技術者はこの潜管の工法を川の工事に応用しています。つまり橋の逆のものですが、道路が川の上を渡るのではなく、川が道路の下を渡るのです。土木技術者は、水が流れる橋もときとして建設するのです。それを私たちも応用してみるといいでしょう（図3)。

水をいったん水面より高いところに導いて、そこから低いところに流すこともできます。この原理を、物理学者は《サイフォン》と呼んでいます。

それには適当な長さのゴムホースが必要です。ホースの中には水をいっぱいに詰め、気泡がないようにします。

そのためには、高いところにある水にホースの片端を入れて、下側から水を口で吸い出します。水が流れ落ち始めると、上に貯えられている水が空《から》になるまで流れ続けます。その際、ゴムホースの流出口は常に上部の水面より低い位置にくるようにしなければなりません（図4）。

このように、1本のゴムホースがあれば、たとえばバケツにためておいた雨水を、数多くのさまざまな遊びに利用することができるのです。

このようにして人工的に作り出した水の流れの中に、小さな水車をいくつか据えつけることもできます。そして上から水を流すと、かわいい水車がクルクル回り出します。

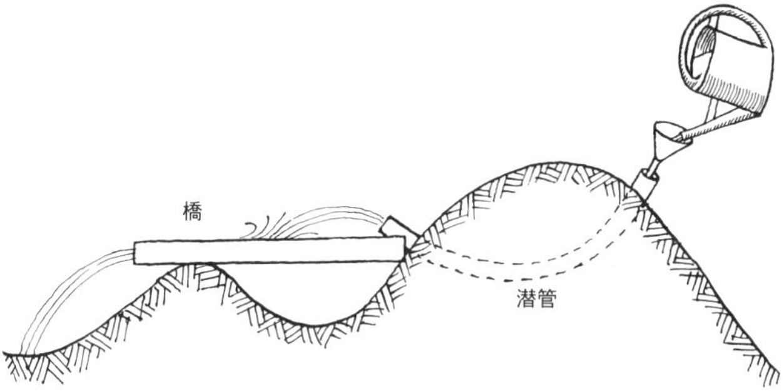

図3

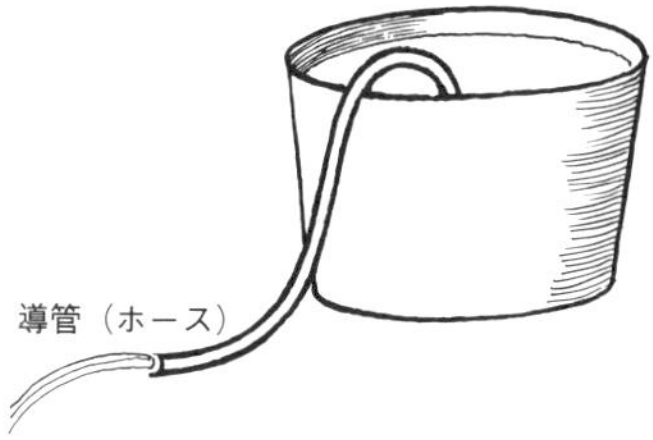

図4

水車を作るときの一般的な注意

水車を作ろうとするなら、与えられたさまざまな条件に従わなければなりません。条件は、場合によって非常に異なります。水流の落差が小さい場合もあれば、落差の大きい場合もあります。水をたっぷりと使える場合もあれば、わずかしか使えない場合もあります。もちろん、まず水車を作ってしまってから、それに合った水流のある場所を探してもかまいません。

落差の小さい水流、つまり流れが緩やかである場合には、水車にとりつける羽根の平面が広い方がよく回ります。水車はゆっくりとではありますが、力強く回転します。このような仕組みの水車は《下射式》(下掛け水車)と呼ばれます。これに対して、高いところから落下する水(小さな滝など)を利用して羽根を回す仕組みの水車は、大きな速力で回転します。これは《上射式》(上掛け水車)と呼ばれます。

でも、水の流れはそのどちらかだけではありません。そのほかにも、いろいろあります。ほどよい水の落差を生じさせるには、といを伝わらせて水を流す方法もあります。今回といを使うのは、水を流して楽しむためではなく、必要な落差を得るためです。

ガーデン用ゴムホースを利用して水車を回すこともできます。ただし、ホースを水道の蛇口につないで水を流すのですから、まったく自然の水流とは言えません。水道の水は、機械によって圧力をかけて汲み上げられているので、自然の力を利用しているわけではないのです。

水車を作るのは簡単です。ちょっとした材料さえあれば、工作が苦手でも、あるいは工具が少なくても、十分に作ることができます。材料を接合するときは、ニカワなどの接着剤は使えません。釘を打ったり、ひもで縛ったり、クサビを打ち込んだりします。木材は、水に浸かるとふくらみ、釘やクサビなどで接合した部分は、非常にしっかりとしてきます。逆にニカワなどは溶けてしまうことがよくあります。

水車を乾燥させると、ガタガタになり、見るも痛ましい様相を呈します。水車は、水の中にあってこそ生きてくるのであり、回りたがっているのです。

水車の回転軸は、水平にします。これは、作るのにいちばん簡単な方法です。回転軸を垂直にすることもできますが、これは、作るのに少し手間がかかります。さらに斜めの回転軸も考えられますが、工夫が必要です。

さて、大切なのは、軸受けです。水平の回転軸を支えるものには、Y字形の木の枝が考えられます。小川のほとりで見つけてきた木の枝を、小刀で削って細工します。小川のほとりには、適当な形をした石もいろいろあります。

木材に木材を組み合わせると、それほどうまく回ってくれません。むしろ２種類の異なった材料、たとえば、木材と金属、あるいは木材と石を組み合わせた方がいいのです。垂直な回転軸では、軸の下側の先端をとがらせ、円錐形のくぼみに差し込みます。これを《尖端軸受け》と呼んでいます。

写真５
板とひもで作った水車

本書では、以下に水車の作り方の例をいくつか紹介しますが、他にも作り方はいろいろ考えられます。各自工夫してみてください。水車は機械のように正確に作る必要はありません。寸分も違わぬ正確な仕上がりにならなくとも、幸いなことに、たいていの場合、水車は回ってくれます。

木箱の用材を利用して作る水車

食料品店などで不要になった木箱を譲り受け、それを壊して板材にします。

水車の回転軸にするものが必要ですが、それには断面が正方形の角材が適しています。角材の四つの側面にそれぞれ同じ大きさの板材を釘で打ちつけ、羽根とします。さらに角材の両端には、それぞれ大きめの釘を打ち、回転軸の突起部分とします。

軸受けとしてＹ字形の木の枝を２本用意して、それを小川の底に突きさします。

この簡単な水車を、羽根となる板材が小川の流れの水の中に十分につかるように設置します（図6）。

あるいは、高く上がった噴水の水を上から羽根に受けて回転させることもできます。この場合には、羽根となる板材の下側が水につかっていてはいけません。

前者（下射式）の場合には、水車はゆっくり回転し、後者（上射式）の場合には比較的速く回ります。いずれにしても、ある程度の水の勢いが必要です。さもないと羽根は中間の位置にとどまったままで、水の流れを羽根に受けられないことになり、水車は回転しません。

この形の水車は、さまざまな大きさに作ることができます。羽根となる板切れが長ければ長いほど、それだけ回転する力も強くなります。板切れが長くなれば、てこの原理で水の力が強められるからです。また、羽根となる板切れの幅が広ければ、水流に対して多くの面を提供することになり、水車の回る力も増します。

さらに羽根となる板切れの枚数が多ければ、いっそう水車の回る力が強められ、確かな回転が保証されます。

四角の角材の稜角にカンナをかけて削れば、八角の角材が作れます。その八角の角材を軸に使えば、四角の角材を軸に使ったときよりもいい水車ができあがります。しかし、八角の角材に羽根となる板切れを釘で打ちつけるのは難しい作業です。そこで軸となる角材をその長さに応じて二等分もしくは四等分に切り、板切れを打ちつけたあと再びつなぎ合わせるなどの工夫が必要となります。

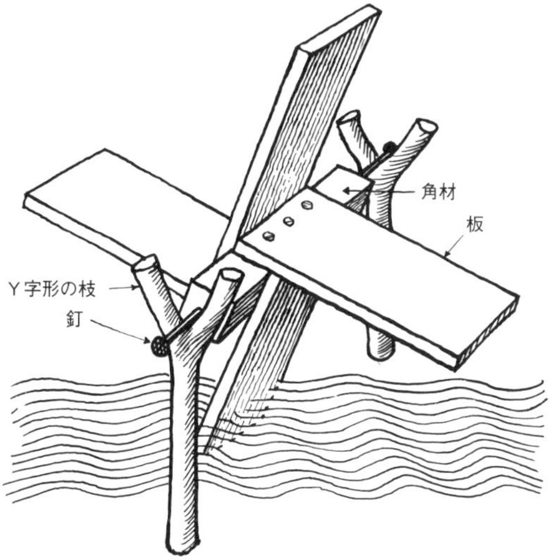

図6

Y字形の木の枝で作る水車

長くて柄のまっすぐなY字形の木の枝を最低8本探してきます。そのうちの少なくとも6本をこしき（羽根をつける回転軸の部分）に取りつけ、残りの2本は軸受けとして使います。小川のほとりに生えている柳の木の枝とか、あるいはハンノキの枝がこれに適しています。柳やハンノキは、その枝を切り取っても、すぐに生えてくるので、木に重大な損傷を与えずにすみます。もちろん自然保護区域ですと、柳やハンノキといえども枝を切りとることは許されません。

こうした木の枝を利用して、直径１メートルの水車（つまり50センチの長さの枝が必要）でも作ることができます。

こしきには、太い木の枝を用います。その太い枝に、使うＹ字形の枝の数に合わせて一周するように等間隔に細長い切り口を入れ、そこに先を細くとがらせたＹ字形の枝を差し込みます。大きめの水車を作るときには、こしきとなる太い枝に切れ込みではなく、頑丈に作るため、差し込み穴をあけなければなりません。

次に、木の枝のＹ字の部分に、水の作用を受ける平面として、小さな板切れ、あるいは小さなブリキ板を取りつけます。小さな水車なら、箔や厚手の紙を利用することも可能です。

なお、完成した水車がある程度回転バランスのとれたものになるよう、作りながら常に注意していなければなりません。

最後に、残りの２本のＹ字形の枝を、小川の底に突きさして軸受けにします。こしきとなる太い枝の両端には、太めの釘を打ちつけ、回転軸の突起部分にします。あるいは、太い枝の両端を削ってとがらせて軸受けに乗せるようにしてもいいでしょう（図７）。

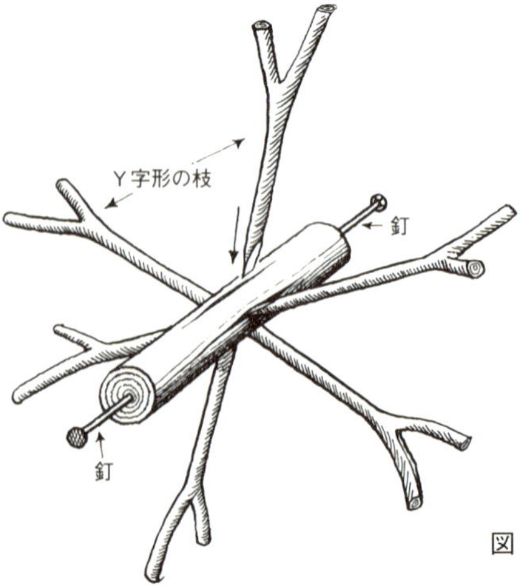

図７　Y字形の枝だけの水車

器を利用して作るかわいい水車

器の中に勢いよく注がれる水は、特に美しい形を生みだすものです。そこで、軸に器を取りつけてみましょう。器は木を彫って作ることもできますが、小さな水車ならクルミの殻の半片が利用できます。問題は、このクルミの殻をどのようにして羽根のように固定するかということです。

いちばんいいのは、クルミの殻の両端に穴をあけ、Ｙ字形の柳の枝の股の部分にはさみ込み、穴のところで柳の枝に結びつける方法です。それから柳の枝の端を、先に紹介した水車で述べたようにこしきとなる木材に差し込んで固定します（図8）。

もちろん趣味の木工材料のお店で、目的に合わせて、穴のあいた丸い板を買い求めることもできますので、それをこしきとして使ってもかまいません。

そうした小さな水車を動かすには、流れ落ちる細い水流が適当です。水道の蛇口をひねれば、細い水流が得られますが、すでに述べた木製のといを使って自然な水流を作る方がいいでしょう。

この仕掛けの大規模なものは《ペルトン水車》と呼ばれています。この水車は、金属で作られていて、直径が１メートルもしくはそれ以上もあり、高い所にある貯水池から放流される腕くらいの太さの水流で動きます。しかしこの水車には、安全のために箱型のふたがかぶせられているので、残念ながら、回る様子を直接に見ることは

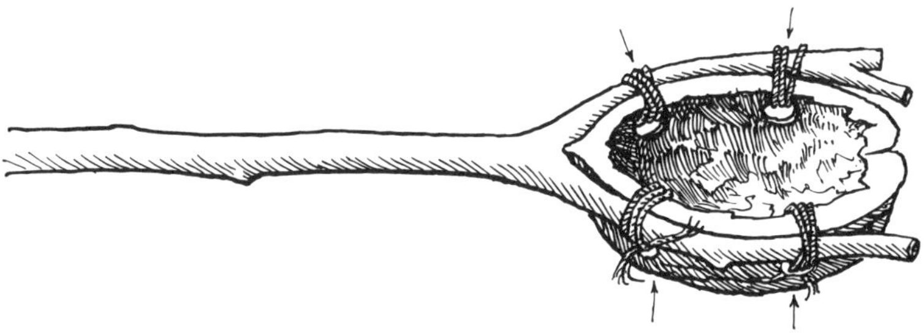

図８　クルミの殻に４つ穴をあける

できません。けれども、私たちが作る小さな水車なら、何時間でも見ていられます。

バルカン半島のある地方では、垂直軸のこれと似た仕掛けの、もっと大きな水車を至る所で見かけました。今日でもまだ見られると思います。

ミュンヘンにあるドイツ博物館には、そのような仕掛けの水車が展示されています。比較的弱めの水流が四等分された器に流れ落ちて水車を回し、軸に取りつけられた臼を回転させます。これに近いものを作ることもできますが、水が斜めに流れ落ちるような工夫をしなければなりません（写真 9）。

写真 9　ルーマニアの製粉用のスプーン型水車／ 1850 年
（ミュンヘンのドイツ博物館所蔵の写真）

紙やブリキの容器を利用して作る水車

少し厚手の丈夫な紙を使って水車を作ることもできます。ただしこしきとして、たとえばもういらなくなった別の遊具の木製の車輪を使います。この車輪の周囲に、あらかじめ作っておいた円錐形の紙の容器を鋲《びょう》でしっかりと固定します。もちろんこの水車はあまり強い水流にさらしてはなりません。それに長い間回すこともできません。しかし、ちょっとの間なら勢いよく回ります。

また、ブリキバサミを上手に使いこなせる人なら、缶詰の空きカンを利用して、ハンダづけで円錐形の容器を作るといいでしょう。このブリキ製の円錐形の容器を、車輪の周囲に釘で打ちつけます。このブリキ製の容器を使った水車は、回転軸がすり減って駄目になるまで回り続けます（図 10）。

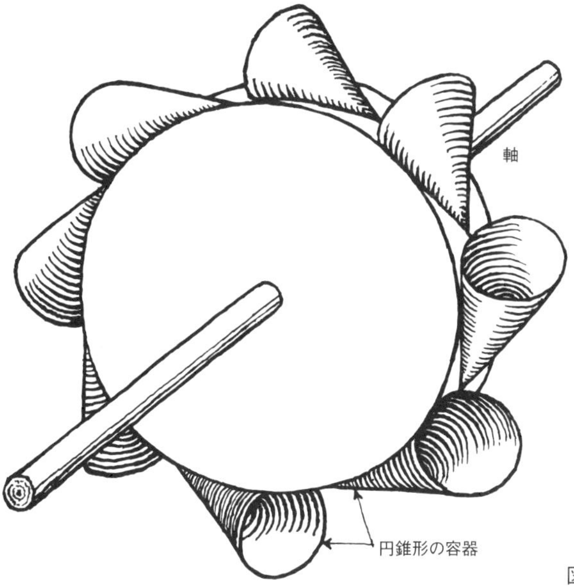

図 10

小室式水車

比較的大きい水車を作るのは、根本的にはそれほど難しくはありません。ここでは、たとえば南チロル地方に今でもまだ見られる本物の上射式水車をお手本にして、その小型のものを作ってみましょう。

一番やっかいなのは、水を受ける小室を両脇からはさむリング状の板を作らなければならないことです。これは、薄い板から正確に丸く切り取らねばなりません。専門店でそうした材料(セグメント)を売っていますが、決して安いものではありません。

なお、板は、丸太の端からではなく、芯の部分から製材したものを選びましょう（図 11)。

リング状の板の内側の半径は､少なくとも 15 センチなくてはなりません。外側の円の半径はなりゆきですが、そのような円を描けるコンパスがない場合には、細ひもの一端に釘を結び、円の中心に打ちつけ、必要な長さをとったもう一方の端に鉛筆を結びつけてぐるっと一周させて円を描きます。こうして薄い板の上に同心円の 2 つの円を描いてリング状の板の形を決め、糸ノコかノコギリでそれを正確に切り取ります。

リング状の板をいくつかの部分に分けて切り取ることもできますが、いくつに分けるかはリングの大きさにかかわってきます。片方だけで 4 枚に分けて切り取るのが簡単ですが、もちろんそれ以上の枚数をはぎ合わせてリング状にすることもできます。

各部分をはぎ合わせるときに、専門家並みに仕上げるとしたら、接合面の一方に差し込みの突起を作り、もう一方にそれを受ける溝

悪い例：
水の中でゆがんでしまう板

良い例：
水の中でも変形しない板

図 11

を作って組み合わせるさねはぎという構造にします。素人の私たちが作るのでしたら、つなぎ目に上から薄い小さな板切れを打ちつけてつなぎ合わせるだけでも十分です。この場合、水で錆びないように、亜鉛などでメッキした釘を使うことをおすすめします（図 12）。

もちろんこのリング状の板は２組必要です。この２枚の板ではさみ込むようにして小室用の板を等間隔に釘で打ちつけます。その際、小室にうまく水がたまるように斜めになるように据えつけましょう。

最後に内板を打ちつけます。なお、小室用の板の長さを長くとって、隣の小室の内板となるようにしてもかまいません（図 13）。

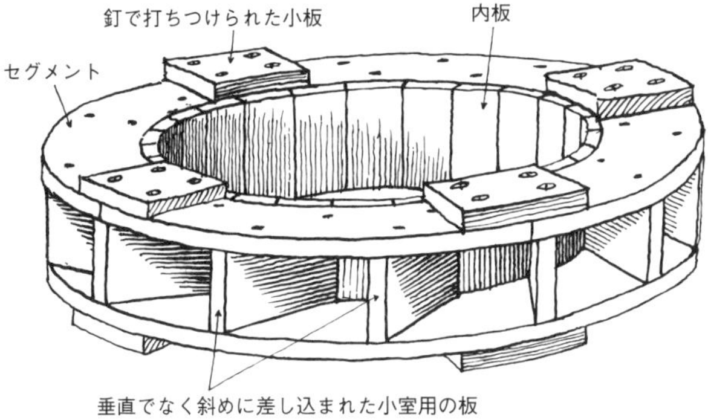

図 12

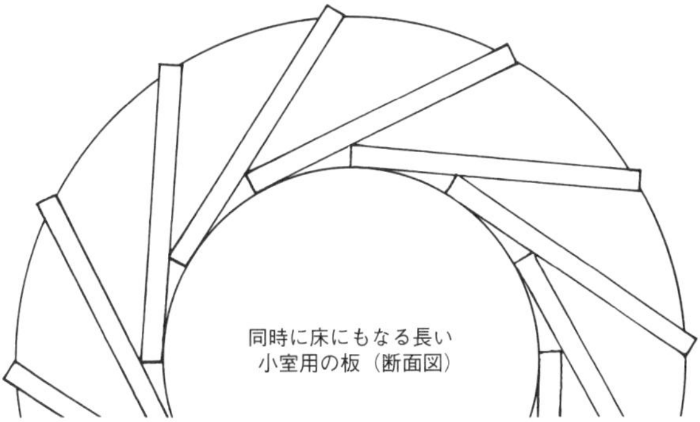

図 13

次に、このリング状の板の両側に、それぞれ4本ずつの細い角材を中央が井桁になるように組んで釘で打ちつけて、その井桁の穴に軸となる細い角材を通します（写真14）。

軸となる角材は、小さなクサビで車輪としっかりと固定します。片方で4本のクサビが必要ですが、大きめの水車でも、軸はしっかりと据えつけられます。クサビの位置がずれると、車輪があとになってガタガタになることがあります。簡単な作業ではあっても、非常に重要なところです。

軸となる角材の両端に太い釘を打ち込んで、軸受けに乗せる両サイドの突起とします。もちろん、軸の角材に穴をあけ、ネジをはめ込んでもかまいません。

水車が完成したら、適当な場所に軸受け用の構脚を組み立てなければなりません。水車を設置する場所の条件はそれぞれ非常に異なるので、どこにでも通用する提案は不可能ですが、2本の細い角材のそれぞれの中央に丸く切り込みを入れれば、それだけでも軸受けとして十分間に合います。そのような軸受けをどのようにして支えるかは、水車の作り手自身が条件に合わせてそれぞれ考えてください。

写真14

ここに紹介したような大きくてしっかりした水車ですと、回転させるには勢いの強い水流を小室で受ける必要があります。運がよければ、自然の中で、この水車を回すだけの水が落下しているところを見つけ出せるでしょう。けれどもそんなに都合よく小さな滝が近くにあるとは限りません。近くに水が落下しているところがなければ、最初に紹介したようなといを自分で作らねばなりません。といには脚をつけて下から支え、必要な落差を作ることが必要です。

このような小室式水車を回転させるには、上射式がいちばん適しています。上部から落とした水の重さで水車を回転させる上射式の水車は、強い力を生み出しますから、水車を回転させることによって何かを動かす原動力になります。

写真 15

水車は動力源

水車を作って勢いよく回したことのある人なら、すぐに水車を利用して何かを動かしてみたい欲求に強く駆られるでしょう。そこには、たくさんの可能性が見えてきます。

たとえば、ハンマー打ち（写真 16）の動力源とすることも考えられますし、模型人形を動かすことも考えられます（図 17)。

写真 16

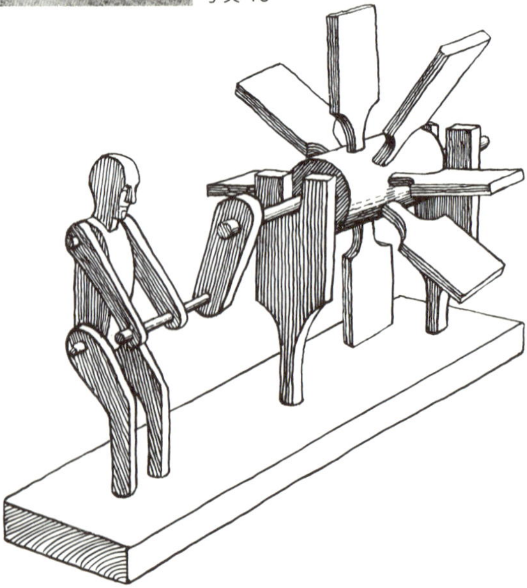
図 17

あるいはまた、お人形をのせたメリーゴーランドを作って動かすことも可能ですし、観覧車やロープウェイを動かすことも可能です。

勢いよく回る水車は、自転車用の発電機を回し、ランプを点灯させることもできます。

発電機を回すために必要な回転速度を得るためには、強力な水車の回転を変速させて使います。ここでの変速とは、水車に取りつけた大きな車輪で別の小さな車輪を動かすことによって回転数を変化させることです。

大きな車輪には、自転車の車輪が適していて、これを水車にとりつけます。動力を伝達させるには、細ひもを使います。ひもを、ゴムタイヤをはずした車輪の溝にかけるのです。2番目の車輪には、小さな溝つき車輪を使います。都合のいい大きさの溝つき車輪は、専門店で根気よく探さなければならないかもしれません。

こうして変速すると、小さな車輪は、大きな車輪より回転が速くなりますが、力は弱くなります。逆に小さな車輪で大きな車輪を動かすようにすると、速度は遅くなりますが、力の強い回転を得ることができます。ひもが溝からはずれてしまうようなら、ゴム製の輪を使ってみましょう。

また軸の端にゴム管を適当な長さに切ってかぶせ、その先を別の棒に接続させ、つないだ棒が動力を受け取って遊具を動かす仕掛けにすることもできます。この場合、ひもがはずれる心配はまったくありませんが、変速させることはできません（図18）。

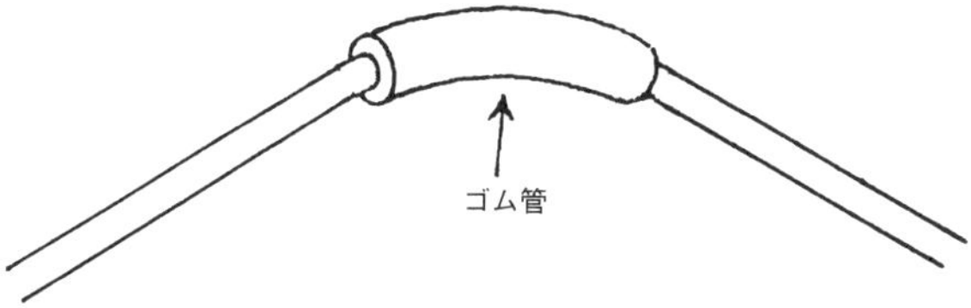

図18

遊具を連結させている場合、あるときにはゆっくりと、あるときには速く動かしたり、また停止させたくもなります。そうするためには、水車の回転速度の調節が必要です。それには、堰を作って水流そのものを調節しなければなりません。そこまでできる人は、水利工事の達人であり、休暇中、子どもたちと一緒になって長時間、飽きずに楽しいときが過ごせるでしょう。

ザルツブルグのシェーンブルンでは、いろいろな人形の模型が動いている光景が見られます。これらはすべて水力によって動かされています。適当な規模でそれを真似して作ることもできますが、休日を利用した片手間な仕事では、とても作りあげられないようなものばかりです。

水車は、小さな舟に据えつけることもできます。小舟を川にイカリでとめておいたり、あるいはひもでつないでおけば、小舟に据えつけられた水車は、川の流れで回転します。ドナウ川の下流には、このような仕掛けで動いている製粉用の水車が今日でもまだ残っているそうです。

このような仕掛けを遊びの中に取り入れるには、1枚の板切れを用意し、その上に軸受けを2つ固定し、軸をわたして、突き出た両端に小さな水車を取りつけます。

その軸にカムの働きをする突起を備えつければ、ハンマーを持ち上げることができます。そして振り上げられたハンマーは川の中に打ち込まれ、それが繰り返されます。まるで小人さんか水の精がそこで仕事をしているかのようです。

[写真 16]は、これと同じようなハンマーの仕掛けですが、小舟の上に据えつけられているのではありません。土台となる板の上に、2本のハンマーの柄を支える支点が2つと、車輪の軸受けが2つ据えつけられています。車輪には、カムとなる突起がはめ込まれていて、それが回転によってハンマーの柄を持ち上げる仕掛けになっています。もちろんこれは、時計の針の回る方向に回転させます。

ここでは、他の場所に据えつけられた水車の回転力がひもによって車輪に伝わり、ハンマーを動かします。

水汲み水車

水を利用した遊びを考えるとき、大昔の技術の遺産である水汲み水車は欠かせないものです。この水車は、一般に畑の灌漑に用いられています。川の流れで動かされるこの水車は、川の水を高く汲み上げます。ドイツ東部のフランケン地方には、今日でもなおこの形の水車が見られ、文化財として保存されています（写真19）。

この形の小さい水車を作るには、かなり根気がいります。まず軸の水平な水車に、水を汲み上げるための容器をいくつか等間隔に取りつけます。容器には、小さな陶器か、あるいは竹を節のところで切った筒を使うといいでしょう。あまり速くない水の流れで水車を下射式で回します。水車に取りつけられた容器は、流れにつかると、水をいっぱいに汲み、水車の回転に合わせて上にあがり、真上を過ぎたところで中の水をこぼします。汲み上げられた水がこぼれてピチャピチャと音を立てるのを楽しむだけでもいいのですが、水をいったん木箱で受けて、それに取りつけたといに流して楽しむことも

写真19　フランケン地方の水汲み水車
（ミュンヘンのドイツ博物館所蔵の写真）

できます。
水を観察し、水の動きに伴って現れる形を観察することも、水を利用した遊びに欠かせないことがらです。
［写真 19］のような複雑な仕掛けの水汲み水車を作る必要はありません。たとえば［図 10］の水車の容器を水汲み用の容器に取り替え、水車を動かすための板切れをつけ加えさえすれば、あっという間に水汲み水車になります。そればかりか、［写真 14］の水車も、外側の縁に容器を取りつければ、水汲み水車に使うことができます。もちろんその場合には、下射式に水車を回すことになります。

水中プロペラ

一種のプロペラを作って、水中で回転させることもできます。いわば船のスクリューを逆にしたものです。
真四角のサイコロ状の角材の４つの側面に、それぞれ斜めに細長い切り込みを入れ、そこにそれぞれ薄い板もしくはブリキ板をはめ込みます。そして角材の中心に軸を通す細い穴をあけて、適当な長

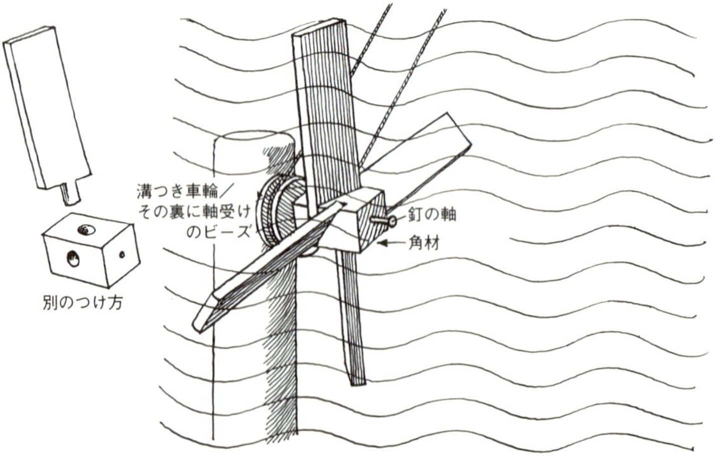

図 20

さの釘をさし通して軸にします。軸受けにはビーズを使います。小川に打ち込んだ杭を支柱にするのがいいでしょう（図 20）。

こうして川の流れでプロペラを回転させて得た力を、溝のついた車輪と細いひもで伝えれば、他の何かを動かすことができます。

この水中プロペラの仕組みを応用して、水道管の中の流れの速さや流水量を測定しています。このような管の中のプロペラは、管で保護されるという利点があります。

これと似た仕組みのものを、もっと大規模に作ることもできます。直径の大きな管に、軸が垂直の強力なプロペラを取りつけます。こうして、筒の中の流れのすべてを動力として利用するのです。これはオーストリアのエンジニアが発明したもので、発明者の名をとって《カプラン・タービン》と呼ばれています。

はね板（ししおどし）

今日では、水車にくらべてはね板（ししおどし）はほとんど忘れられています。昔、山岳地方では鍛冶場の自動ハンマー装置として実際に使われていました。この現物は、今日ではミュンヘンのドイツ博物館にいくつか展示されていますが、規則的でリズミカルな動きによって、遊戯的効果もあるものです。

その原理は非常に簡単です。まず、板でシーソーのような装置を作り、はね板の一端に木の容器を取りつけ、もう一端には容器より少し重いオモリを固定します。

容器に水を注ぎ入れると、はね板は平衡を失って傾き、その結果容器の中の水はこぼれ落ちて空になります。オモリは容器の水がこぼれたあと、再びはね板が水平の元の位置に戻るような重さとします。また水を注げば、このプロセスが繰り返されます。

このはね板を連続的に動かすためには、はね板の長さと容器とオモリのバランスがうまくとれていなければなりません。

水を注ぎ入れる容器は、板切れを釘で打ちつけて作ります。反対側の重しには石を使います。

はね板の傾きの限度は90度までで、90度以上にならないように支柱に止め木を打ちつけておきます（図21）。
バランスが悪いと、はね板は、最初のうちスムーズに動かないかもしれませんが、ちゃんと調節すれば、水車と同じくらい調子よくコットン、コットンと音をたてます。
これは規模の大きいものも作れますが、クルミの殻を容器にした、とても小さくてかわいいものも作れます。

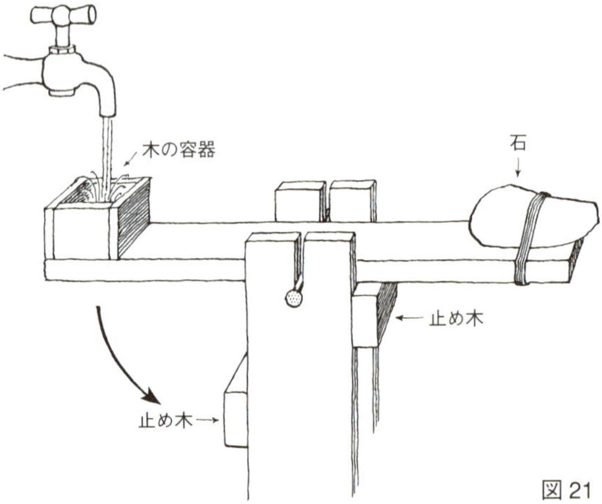

図21

水圧シリンダー

お医者さんが使うプラスチック製の注射器は、それに水を入れて水鉄砲のようにしてまわりの人を怒らせるようないたずら遊びに使えるだけではありません。この注射器の原理は現在、自動車のブレーキをはじめ、しゅんせつ機やブルドーザーのような重機を動かすのにも油圧シリンダーとして応用されています。
２本の注射器の他に、自転車屋さんでバルブ用の虫ゴムを買い求めます。まず１本の注射器（もちろん針は不要！）に水をいっぱい吸入し、注射器の先端をバルブ用虫ゴムの中に差し込み、注射器のピストンを押して虫ゴムの中に水を満たします。そうしてから、虫ゴムのもう片方の端に、水を半分ほど吸入したもう一つの注射器の先を差し込みます。2つのピストンの間、つまり注射器と虫ゴムの中には、水だけが詰まっていることが肝心で、空気を全く残さないようにします（図22)。

一方のピストンを押し込むと、もう一方のピストンは圧力が伝わって外に押し出されてきます。その逆も同じです。水圧によって力が伝達されたのです。

大きさの異なる2本の注射器でこれを行うと、もっとおもしろくなります。小さい方の注射器のピストンは、動きは速いのですが力は弱く、大きい方の注射器のピストンは動きは遅いのですが、力は強くなります。つまり速い動きも、遅い動きも作り出せるのです。

バルブ用虫ゴムは、長くしてもかまいませんし、柔軟性があるので、歯車やひもや棒を利用する場合とは違って、設置方法がある程度自由です。したがって、驚くような効果がねらえます。誰もいないような場所で、まるで幽霊の手が動いているのを見るような感じがするでしょう。

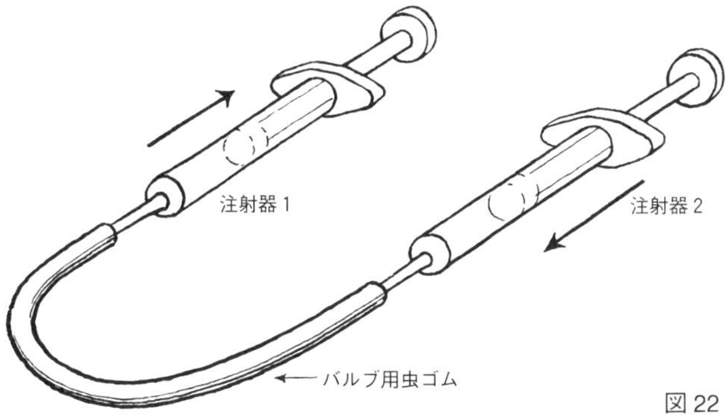

図 22

水中浮遊

水に物を入れると、水面上に浮かぶものもあれば、水の底に沈むものもあります。しかしその中間の状態にすることもできます。つまり物体を水中で浮遊させるのです。魚は先天的に水中で浮遊できるような体の構造になっていて、技術者は魚の体の構造をまねて潜水艇を作りました。しかし私たちは、それとはまったく異なった仕方で水中での浮遊状態を作ってみましょう。

たとえば、まず木を削って魚の形を作ります。この木の魚が、水面に平らに浮かんでしまわないように、この魚の下側の腹の部分にU字形の掛け金を打ちつけます。この掛け金は中央にきちんとついていなければなりません。恐らくこれだけでは、木の魚を水中で浮遊させるのに十分なオモリとはなりませんから、細い針金をV字形に曲げて掛け金にかけて、うまく水中で浮遊するように調節します（図23）。

また、ふたで密閉できるビンを使っても、水中での浮遊状態を作り出せます。ビンの中に少しずつ水を入れながら、ビンが水面に浮くこともなく、また底に沈むこともない程度に水の量を調節して、ふたを閉じます。この浴槽で楽しむような遊びには、かなりの根気がいります。

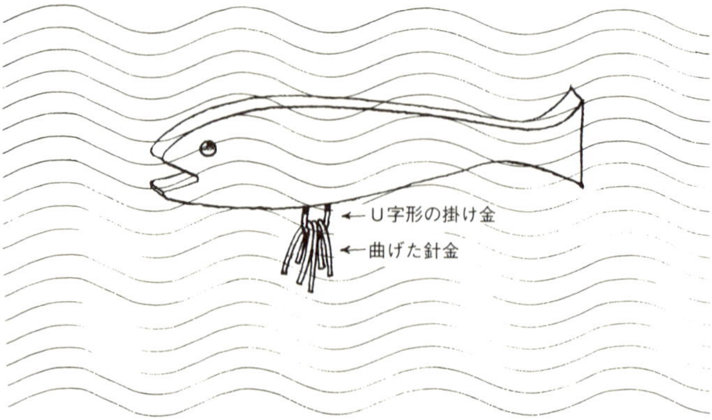

図23

水悪魔

ガラス・シリンダーの縁すれすれまでに水をいっぱい入れ、その中に薬品が入っていたような小さな滴ビンをさかさにして沈めて放すと、その小さな瓶を上昇させたり下降させたりすることができます。この薬用小ビンには、水中で静止浮遊する程度の水を正確に確かめながら入れておきます。

水が口までいっぱいに入ってあふれんばかりのガラス・シリンダーの口を、手のひらをそらすようにして密閉しながら押しつけると、水中の小ビンの中の空気は圧縮され、小ビンの中の水位が上がり、小ビンは下降します。手を離すと、小ビンの水位は下がり、上昇してきます。

ゴムなどでガラス・シリンダーの口を密閉してもかまいません。そうすれば手をぬらさずにすみます。また、図のように広口ビンを使うなら、セロファンで密閉するのもいいでしょう。その際、密閉用のゴムやセロファンを水面にぴったり密着させ、水面との間に空気が残らないようにします。

昔は、薬用小ビンの代わりに、《水悪魔》と呼ばれるガラスビンを用いたので、この遊びにはちょっと変わった名前がついています。水中の小ビンに適当な絵を描けば、この《水悪魔》を水中で沈めたり浮上させたり、中間に浮遊させたりする遊びがますますおもしろくなるでしょう（図24）。

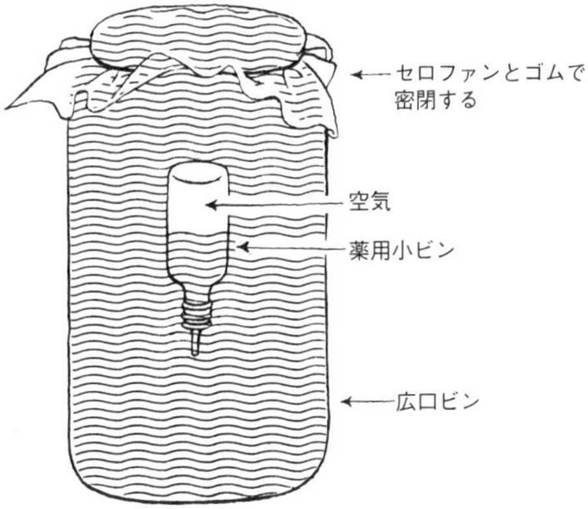

図24

水中風船

ゴム風船の口に、空気を送り込むための細長いゴム管を差し込んで結び、さらにその部分に適当な重さの石を結びつけます。これを水中に沈め、ゴム管のもう一方の口から空気を送ると、風船はふくらんできて、水中を上昇し始め、結びつけた石を引き揚げます。風船の空気を抜くと、石はまた沈んでいきます。

水中では風船がかなりの大きさの石を持ち上げてしまうのに驚かされるでしょう（図 25）。

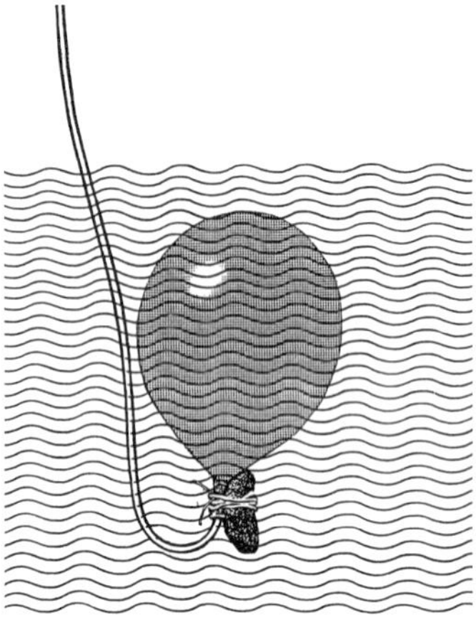

図 25

綱渡し舟

ほどよい川幅のある小川で、渡し舟を運行させることができます。まず小川の両岸にそれぞれ小さい杭を打ち込み、小川を横切るようにして細めのロープをピンと張り渡します。両端は、それぞれ杭に結びつけます。

このロープに、回転輪が溝になっている小さな滑車を取りつけます。取りつける滑車の軸には、ロープの下側で輪になるように曲げた留め金をつけておきます（図 26）。この留め金は、滑車からひとりでにぶら下がるくらいの重さのものを使います。

次に細長いいかだの形をした渡し舟を作り、その下か、もしくは両側に流れを受けるキール（垂直のオモリ板）をつけます。そしていかだの長い辺の両側に、どちらも同じように上流側から３分の１の長さのところへ環ネジを取りつけます。これで出航準備は整いました。

さて、太めの糸を用意し、その一端を滑車の留め金に結びつけ、反対側の端に鉤を結びつけます。糸の長さは、さまざまな条件に合わせて決めます。

この鉤を、いかだに取りつけた環ネジのこちら岸に面する１つに引っかけてから、いかだを小川に浮かべます。すると、小川の流れがいかだを向こう岸に押し進めます。いかだは流れに対して斜めの角度になるからです。いかだが向こう岸に着いたら、今度は反対側に取りつけた環ネジに鉤をかけると、いかだは小川を渡ってまたこちら岸に戻ります。

こちら岸にも向こう岸にも渡し場を作り、荷物や人形を渡してみるとおもしろいでしょう。

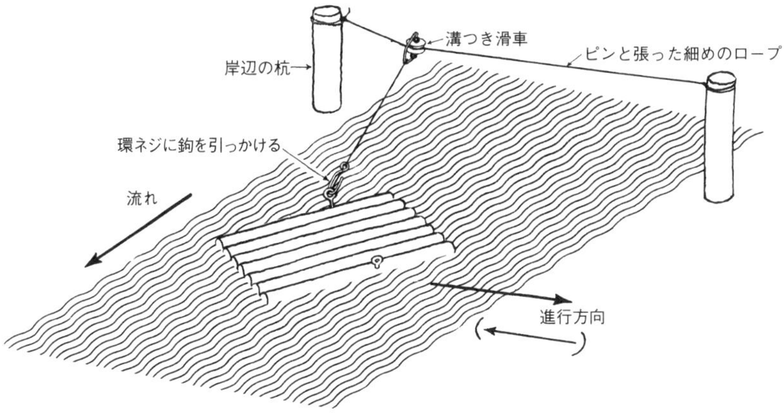

図 26

小舟

水との遊びについては、すでにいろいろ紹介してきました。しかし、まだきわめて簡単で身近な遊びを紹介していません。それは小舟遊びです。

ただし強調しておきたいのは、ここでは船の模型の作り方を紹介するのではない、ということです。それについて書かれている本や設計図は他にいくらでもあります。本物そっくりで、水に浮かばせない模型の船は、すばらしい部屋の飾り物にはなりますが、本書のテーマである水を利用した遊びにはまったく相容れないものです。また、リモコンで動かす模型の船も、本書のテーマには適さないものです。

子どもたちが葉っぱや木切れを小川に投げ込み、岸辺にひっかかるまでそれを追いかけて、その様子を観察したりするようになると、それが小舟遊びの始まりです。木切れが岸辺に引っかかると、棒きれで突っついて流れに戻し、またあとを追いかけます。

そのうちに小川の河床が変化して、木切れはもはや岸にひっかからなくなります。これでもう、水と遊んでいることになります。

今までは、ただの木切れの話でしたが、いろいろな小舟を作って楽しむこともできます。小舟を作るには、まずいくつかの基本的なことを知っていなければなりません。ここでは、ひとりでに浮く自然の素材、つまり木で作る小舟に限ることにしましょう。

小舟はきちんと浮かぶように作り、できれば小さな人形でも乗せられるようにします。簡単に転覆するようではいけません。

そのために、平たい小舟を作ってみましょう。板は、きわめて安定した状態で浮かびます。それに対して角材は、縦軸を中心に回転しやすく、なかなか安定しません。ですから板状の小舟ならば安定した状態を保持しやすいのですが、角材状の小舟は形がスマートに作られていればいるほど、傾きやすく、転覆しやすくなります。

転覆しないようにするためには、下にキールのような重しをつければいいのですが、その分だけ小舟を軽くしなければなりません。

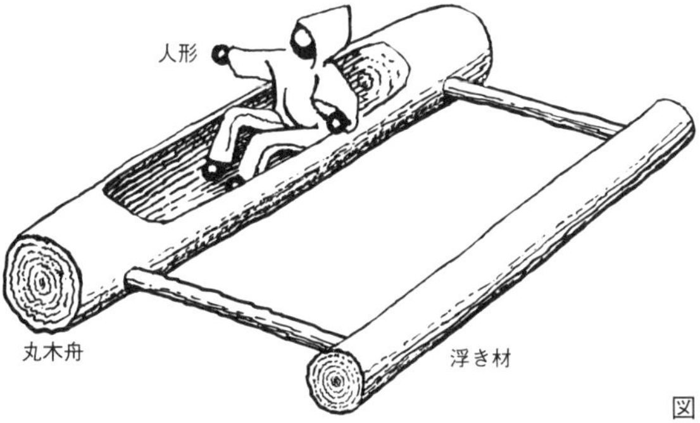

図 27

さもないと、たとえ木で作った小舟であっても沈んでしまうことがあります。ですから小舟をくり抜く必要があります。いちばんいいのは、そのくり抜いた部分の上に防水性の甲板をフタのようにしてかぶせてしまうことです。

ところで、木を削ってバランスのいい小舟を作り上げるのは、決して生やさしいことではありません。手づくりの木の小舟は、たいていはまっすぐに進まず、カーブを描いて進みます。この欠陥は、舵《かじ》をつけることで簡単に解決できます。

一歩進めて、フレーム材に外板を張って舟を作る方法がありますが、そこまでいくと模型作りになってしまいます。ですから、ここではその作り方については触れないことにします。

また、お手本となる大きな舟をそっくり真似して作るのはあくまでも避けて、重しをつけない平たい船を作るという原則に従うのが最善です。丸太をくり抜いて丸木舟を作るのは簡単ですが、それほど楽しいものではありませんし、転覆を防ぐために舷側に浮き材をつけるなど工夫が必要となります。いわゆる古代の人々が作ったのと同じようなものです（図 27）。

ここで考えつくのは、2つの同じ船をつなげてみるということです。そうです、カタマラン船（双胴船）を作るのです。こうした双胴の舟は、非常に安定した状態で浮かぶので、簡単に帆も装備できます。なお、帆のことについては第2部で述べます。

自力で走る舟

風のない日や浴槽の中でも動かすことのできる小舟を作ってみましょう。ゴムの力で推進力を作り、水車のような羽根車を回転させて進む小舟です。これは、何も手を加えない自然の素材のままというわけにはいきません。いくらかの手仕事が必要です。

まず糸ノコで、板をひいて舟の形を作ります。前方はとがらせ、後部は直線にします。船体の中央部に長方形の穴をあけて、その穴より縦横とも短い板を２枚（同じ大きさ）用意します。この板のそれぞれの中央部に切り込みを入れ、十字形にはめ込みます。これが舟を推進させるのです。

そのために太めの輪ゴムを1、2本用意し、その間に十字形に組んだ板をはさんで左右の甲板に打ち込んだ釘に引っかけます（図28）。

十字形の板を進行方向に対して逆に回して、ゴムを十分ねじってから水に浮かべると、さあ《ミシシッピー川の蒸気船》の船出です。この舟はすべてうまく作られていれば、悠に数メートルは進みます。曲げやすい柔らかな小さなブリキ板を舵《かじ》として船体後部に取りつければ、舟はカーブを描いたり、輪を描いたりして進みます。その際、おだやかな水面に舟が立てる波にも注目してみましょう。また、舟を大きめに作れば、人形を乗せて走らせることもできます。

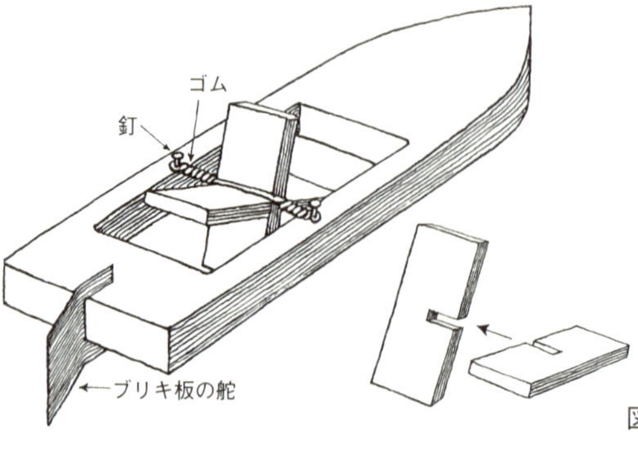

図 28

流れに逆らって走る舟

水車の場合、流れる水の力を十分に利用して羽根車を回転させました。一定の条件を満たせば、水力を小舟の推進力に利用し、流れに逆らって小舟を走らせることもできます。つまり、小舟にひもを付け、このひもを巻き上げることによって、小舟は流れを遡って進むのです。

ひもは、小舟の甲板に備えつけた糸巻きに巻き上げられます。小舟の舷側に取りつけた２つの外輪（羽根車）が川の流れで回転すると、軸の糸巻きが回ってひもを巻き上げるのです。この外輪の直径は、糸巻きの直径よりもかなり大きくします。すなわちテコの原理を利用するわけで、それが秘訣です（図29）。

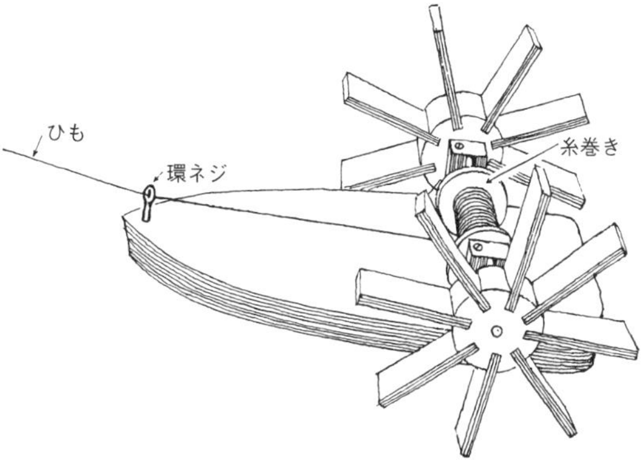

図29

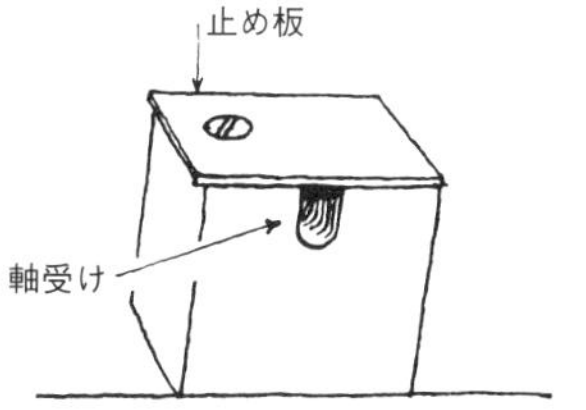

図30

この小舟を作るには、まず軽い板切れ、たとえばトウヒの木の板切れを用意し、それを舟形にノコギリでひきます。それから少し大きめの糸巻きを用意し、その穴に軸を通します。次に、糸巻きを取りつけた軸を支える軸受けを作らなければなりません（図 30）。このような軸受けならば、止め板によって、軸が飛び出しません。

それから外輪のこしきを２つ作ります。それぞれのこしきには等間隔に８カ所の切り込みを入れ、そこに水を受ける羽根となる板切れ（長さを十分にとる）をはめ込んでから、軸の両端に取りつけます。

写真 31

今度はひもです。このひもには、湿り気に強い《凧上げ用の糸》として売られているものがいいでしょう。

用意した､約 10 メートルのひもを手持ちの糸巻きに巻きつけます。その際、最初にひもの先端を糸巻きにしっかりと結びつけておかないと、最後にひもがはずれて小舟は流れ去ってしまうことになります。ひものもう一方の端は、小舟の先端に取りつけた環ネジの穴に通して小舟の糸巻きにしっかり結びつけます。

さて、これからがお楽しみです。川に入って手持ちの糸巻きから糸を繰り出しながら、舟を川の流れにまかせます。舟が下流に流れていって糸が全部繰り出されてピンと張ると、糸は小舟の糸巻きに巻きつき､舟は川を上ってこちらに向かってきます｡糸をうまく操って舟を航行させましょう（写真 31）。

風船ボート

ふくらませた風船で小さなボートを動かすのは、水と空気を一緒に利用した愉快な遊びです（図 32）。

風船の吹き口に細長い管を差し込んで、しっかりと結び、この管を船体の後部から斜め下方向に傾斜させて突き出るように固定します。管から空気を送り込んで風船をふくらませたら、ボートを水に浮かべます。風船内の空気が出ることで水は泡立ち、吹き出る空気の勢いでボートが前進します。

ただし、このボートはわずかな距離しか進みませんから、がっかりしないように！

図 32

水ロケット

約１リットル入りのプラスチック製の容器を用意します。

まず、フタに穴を開けて、短めのゴムホースをきっちりと差し込んで取りつけます。このゴムホースを折り曲げて、洗濯バサミでとめておきます。次に、容器の底の中央に、自転車のタイヤに用いる空気入れ用のバルブを取りつけます。

この準備ができたら、容器に半分ほど水を入れ、バルブから自転車の空気入れを使って空気を送り込みます。容器内の気圧が高まりすぎて容器がパーンと破裂する前に、空気を送り込むのを中止します。

次に、ロケットの発射台を用意します。これには、たとえば化学実験に使う三脚架などが最適ですが、板に切れ目を入れたもので作ることもできます。この発射台に、ゴムホースを下側にして容器を立てます（図 33）。

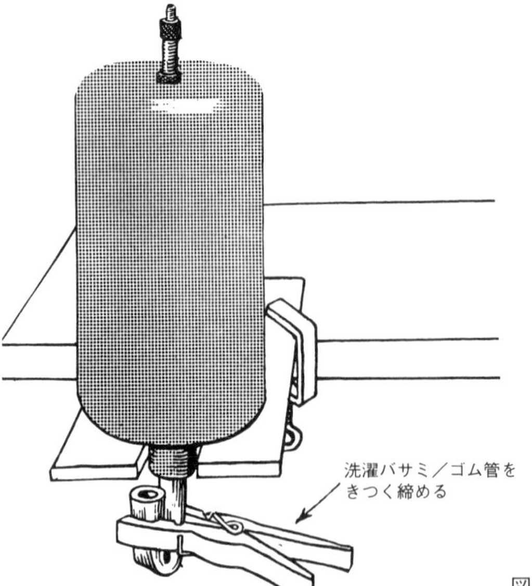

図 33

準備ができたら、できるだけ素早く、ゴムホースをとめてあった洗濯バサミをはずします。すると、容器内の高い気圧によって、水が勢いよく噴き出し、その勢いでロケットは水しぶきを吹き出して上昇します。

この遊びは広い戸外で、しかも水しぶきを浴びてもいいような服装で行うのがいいでしょう。

第2部

空気と遊ぶ

さて次は、空気との遊びです。これも水との遊びと同じく、根源的な楽しさがあります。バケツの水や小川の流れが、水浴びやちょっとした水遊びをしたいという気を起こさせるように、空気は、胸一杯に吸い込んだり、においや湿度を調べたくなる気を起こさせてくれます。

息を吐き出すことは、それだけで立派な遊びになり得ます。たとえばおもちゃの舟やボールに息を吹きかけて動かしたり、何か障害物を越えさせるのも遊びといえます。また［図34］のように、2本の針金を使って軌道を作り、球を吹いてその上を走らせるのも楽しいものです。

紙袋に息を吹きこんでふくらませて、両手でたたけばパンという音をたてて破れます。これも空気を利用した遊びのひとつです。

また、よく知られている荒々しい遊びがあります。これは、1つのテーブルを囲んでみんなですきまなく詰めてすわり、テーブルの上に羽根のように軽いもの、たとえば脱脂綿を丸めたものなどを置いて、合図に合わせて一斉に吹くという単純なゲームです。そしてその軽い物体が最終的に自分の前に残ってしまった人は、罰として何かをしなければなりません。

おもちゃの舟に息を吹きかけて動かす遊びについては、のちほど述べることにしましょう。

競い合う遊びよりも楽しいのは、仲間と協力してひとつのことを成し遂げる遊びです。たとえば、わずかに傾斜させたテーブルの上に置いた軽い球をみんなで吹き続け、できるだけ長くテーブルから落とさないようにするのです。

軽い空気でも、風となり嵐となれば、すごい力を発揮することがあります。ときたま体験しますが、非常に強い風が吹いていれば、それに寄りかかっても倒れないのです。もしも子どもたちを北海の海辺に連れていき、堤防の上に立たせて、風と水しぶきの威力を同時に体験させることができるならば、どんなにすばらしいことでしょう。そのようにして過ごしたひとときは、いつまでも思い出となって強く心に残っているものです。

また、風もなく、空気がよどんでいるときには、走ることによって風を感じることができます。しかし、このような風のない穏やかな大気を必要とする遊びも少なくありません。では、まず穏やかな遊びから始めましょう。

シャボン玉

シャボン玉は、いつ見ても何ともいえない不思議なものです。シャボン玉には、宙に漂うという不思議に加えて、その色は《虹の七色》とまではいきませんが、独特の色、とりわけ赤と緑に鮮やかに変化します。

まず、シャボン玉を作るのに最適なアルカリ液の作り方を紹介しましょう。硬質石鹸を薄く切り、それを熱湯の中に入れて溶かします。できれば、その中にグリセリンを数滴たらすといいでしょう。

シャボン玉を作るのには、ストローを使います。ストローを石鹸溶液の中につけてから、口で吹きます。何度も練習をして慎重にやれば、見事な大きなシャボン玉を空中に吹き飛ばせるようになります。シャボン玉を上手に作るコツは、シャボン玉が破裂する直前に吹くのをやめることです。シャボン玉に無色の帯が生じたら、それは破裂の危険信号です。

写真 34
アルバート・アンカー（1831 ～ 1910）作
「シャボン玉」（1873）
（ベルン美術館所蔵）

シャボン玉の動きは、ほのかな空気の流れを教えてくれます。たとえば暖房器具の上方や、ろうそくの炎の上方でシャボン玉を飛ばすと、スーッと上昇していきます。

風船

昔の良き風船も忘れてはならないでしょう。幼い子どもは、顔を真っ赤にして一生懸命風船をふくらませます。そして最後に力つきて口を離すと、空気は外に逃げていきます。

そのときの音がおもしろいのです。また、空気の入った風船を放すと、狂ったように飛び回ります。それもまたおもしろいのです。

空気より軽いガスを充満させた風船ですと、もっとおもしろいことができます。でも、それを家に持って帰るためには、ひもで結んでおかなければなりません。

部屋に戻ったら、ひもに紙でできたカゴなどを結びつけ、その中に綿か羊毛でできた軽いお人形さんを座らせて、天井の方へ遊びに行かせてもいいでしょう。しかし、ふつうの大きさの風船なら、あまり重いものは結びつけられません。

忍耐強く工夫すれば、ちょうど34ページにある水中の木の魚と同じように、風船を空中に漂わせることができます。でもそれには部屋の中の空気が静かで、ほとんど風のない状態でなければなりません。

もし外でこの風船のひもを放してしまったら、とても悲惨です。二度とつかまえることは不可能でしょう。風船は上へ、上へと昇っていき、次第に小さくなっていき、そのうちにまったく見えなくなってしまいます。もちろん、いつかどこかで、下へ落ちるのですが。

風船を飛ばす競争がときどき行われていますが、そうした場合には、風船にシールを貼り、この風船の発見者に発見した場所を教えてくれるように、お願いを書いておきます。しばしば驚くほどに遠いところ、ときには外国から知らせが来ることがあります。

音を鳴らす

何かを吹くと、音が出る場合があります。鍵でさえも筒状のものであれば、それを吹いて鳴らすことができます。多少とも練習が必要ですが、筒の端から思いきり強く吹くと、かん高い音をたてます。音色は一色だけとは限りません。こうした即興的な遊び方を洗練されたものにすることが肝心なのです。

そのために、長さの異なる金属製の細い管か、細い竹の筒を何本か並べて、鳴らしてみます。管の下側はふさいでおきましょう。これは、簡単なパンの笛（牧羊神の葦笛）のようなものです。しかし、この方法で明確な音階を作り出すのは、それほど簡単ではありません。

同じ大きさのビンを何本か並べて、それぞれに異なる高さに水を入れて吹くと、てっとり早く音階を整えるという目的が達せられますが、この方法でメロディを奏でるのはむずかしいでしょう。ビンは重すぎますし、ビンの口が互いに離れすぎているからです。

本格的な笛は、次のようにして作ります。長さが10センチくらいの柳の若木の枝を1本用意します。樹皮に、[図35]のように小さな切り込みを入れます。次に、ナイフの背で樹皮をぐるりと回しながら軽く叩いてから、樹皮から芯を抜き取ります。

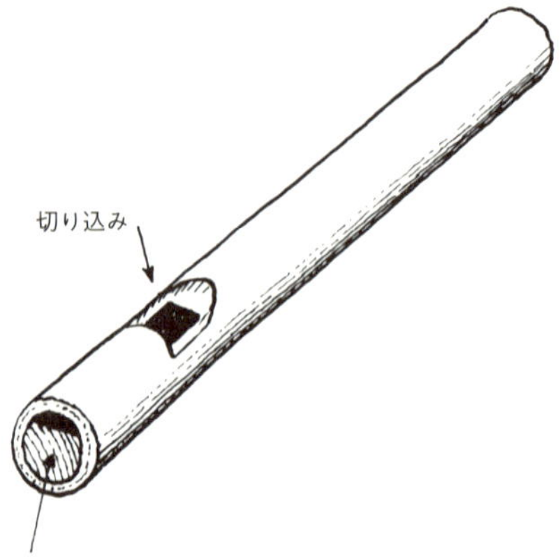

図35

ここからが重要な作業です。切り込みを入れた部分に吹き込んだ空気がぶつかるようにするために、先に抜き取った芯を切り込みから吹き口まで、すなわち枝の端までの長さに切り、空気路になるように一部分を平らに削ります。それからその芯を再び樹皮の管の中に押し込み、削った空気路から吹き込んだ空気の流れが切り込み部分にぶつかるようにします。

これで笛のできあがりです。さらに、残った芯を吹き口と反対側の端から中に差し込んで位置を変えていけば、ある音程に調律することができます。

ぶんぶん板回し

昔よく親しまれていたこの単純素朴な遊具は、《復活》させるだけの値打ちがあります。

まず、親指と小指をいっぱいに広げたぐらいの長さで、幅が指2本分くらいの板切れを用意します。この板切れの端に穴をあけ、その穴に腕の長さくらいのひもを通して結びつけます。この穴は、必ずしも板の幅の中央に位置していなくともいいのですが、たいていは中央にあけます。さらに、板切れに2列に並んだ穴を10個あけます（図36）。

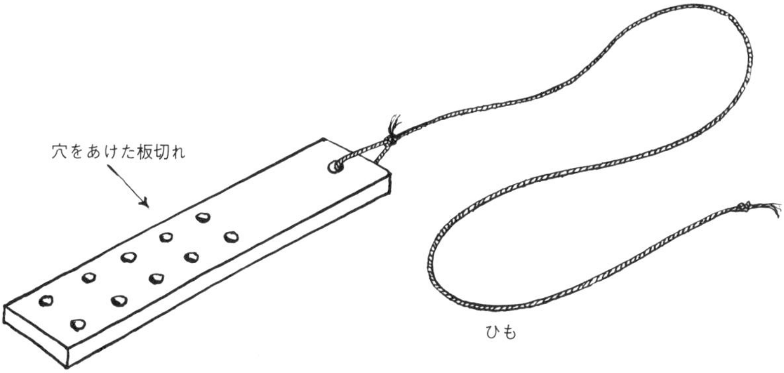

図36

ひもを持ってこの板切れを、頭上で水平に、あるいは垂直に振り回すと、板切れはうなり音をたて始めます。音を出すには回転の速度とある程度のコツがいるので、グルグル回す練習が必要です。

しばらくするとひもがよじれてきて、音は出なくなります。そうしたら、よじれたひもを元に戻してから新たに回し始めましょう。板に穴をあけたのは、音を強めるためです。この《ぶんぶん板回し》は戸外で遊ぶものです。

また、ただの板切れを、うなりをあげさせて飛ばすこともできます。これには、長さ20 ～ 30センチ、幅3 ～ 5センチ、厚さ約5ミリの定規のような板切れが適しています。この板切れを手で投げるのですが、［図37］のように長いほうを軸として強く回転させるようにして投げるのです。

しかし、この遊びは何度も練習が必要です。うまく投げられるようになれば、板切れはビュンビュンうなりながら宙に舞い上がります。やや重い木なら軽い木よりも長い間ビュンビュンと鳴り、軽い木なら重い木よりも長い間飛んでいます。

ちなみに細長い紙切れでも回転させて飛ばすことができますが、音を出すことはできません。しかし、これはこれでおもしろい遊びです。

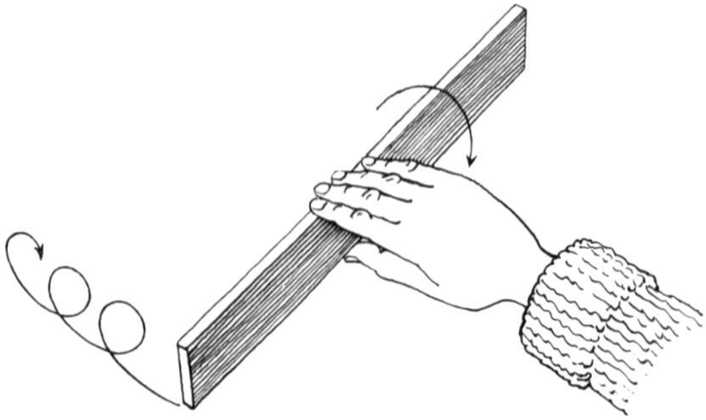

図37

ぶんぶんボタン回し

これは室内での遊びです。

まず、できるだけ大きなボタンを用意し、その2つの穴に長さ約60センチのよく撚《よ》った糸を通し、両端を結んで輪にします（図38）。

さて、両手の指に糸をかけてピンと張り、ボタンが中央にくるようにして、ボタンを数回回転させたあと糸をリズミカルに引っぱったりゆるめたりしてボタンを回転させます。糸はますますねじれていき、それに従ってボタンの回転も速くなります。回転が速まると、それにつれてビュンビュンと低く、はっきりとしたうなりをあげはじめます。

また、ボタンの縁の近くにさらにいくつか穴をあければ、ボタンはもっと大きな音でうなるようになります。

小さなボタンの代わりに、薄い合板から切り取った大きな丸い板を使ってこの遊具を作ることもできます。その板にいろいろな大きさの穴を、ことに周辺近くにたくさんあけておくと、すさまじいうなり音が発せられます。

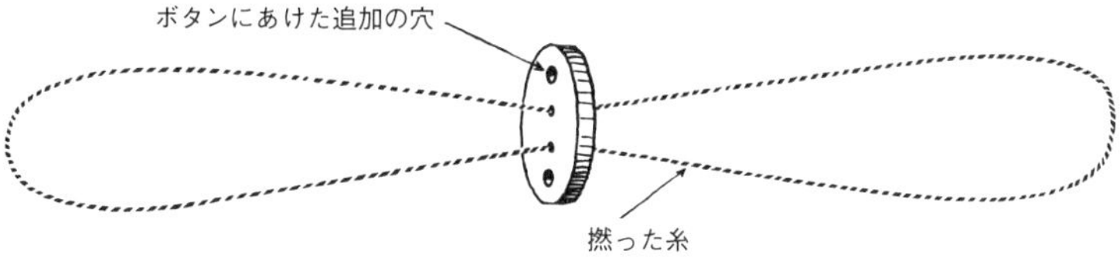

図 38

モビール

モビールはどんな人にでも簡単に作れます。モビールを吊せば、ほんのわずかな風にも反応して動きだします。

吊すものの題材としては、鳥、チョウチョウ、ハチ、コップ、魚などを形どったものが考えられます。まず最初に、これらのパーツを作るのですが、あまり重くならないように注意しましょう。それには軽くて色のついた紙を素材にするのが最適です。

こうして作ったものに吊す糸をつけ、細い棒（もしくは針金）を用意すれば、組み立てる準備は整いました。なお、棒は多少曲げておくと、作業が楽になります。

まず、短い棒の両端にそれぞれ1つずつパーツを下げた糸を結びつけます。それから、その棒の中心近くに糸を結び、天秤のようにしてバランスを取り、平衡状態に保ちます。この糸を、やや長めの棒の一端に結び、もう一方の端に別のパーツを下げた糸を結びます。そしてまたその棒の中心部に糸を結んで、左右のバランスを取ります。

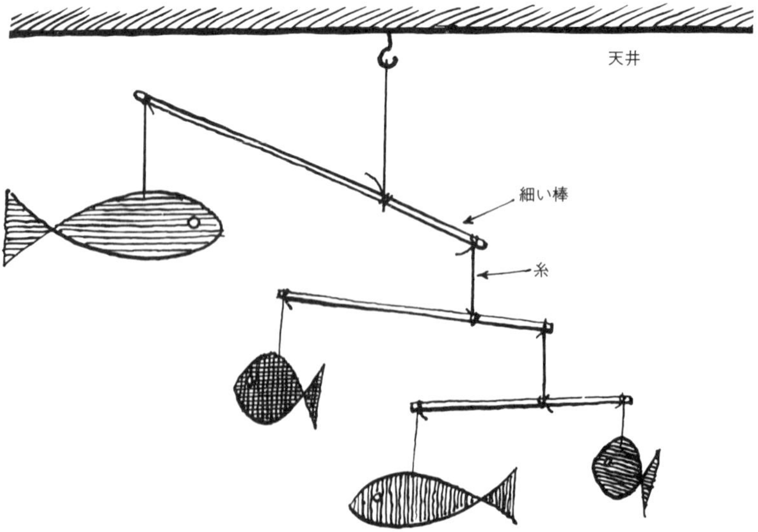

図 39

このようにして、モビールが適当な大きさになるまで、どんどん上に棒を足して吊していきます。その際、吊されたものが互いに触れ合うことがないように注意しましょう（図 39）。

紙ヒコーキ

紙ヒコーキにはいろいろな作り方があります。たとえば郵便葉書の長い方の縁を 1、2 回、内に折り込んで、先端の真ん中をクリップで留めただけでも、多少根気よく練習し、投げるコツさえ会得しさえすればうまく飛ばすことができます（図 40）。

この葉書ヒコーキが急角度で墜落してしまう場合には、前部が重すぎるので、クリップをさらに押し込むか、あるいは折りたたんだ部分をひとつ開きます。逆に波状にふらふらと飛行してしまう場合には、クリップを少し引き出します。つまり、クリップの位置をずらすことで、重心を移動させるのです。

パイロットの間で昔から言い伝えられている格言に「重心さえ合っていれば、納屋の扉でも飛んでみせる」というのがあります。このことは、すべての紙ヒコーキにもあてはまります。

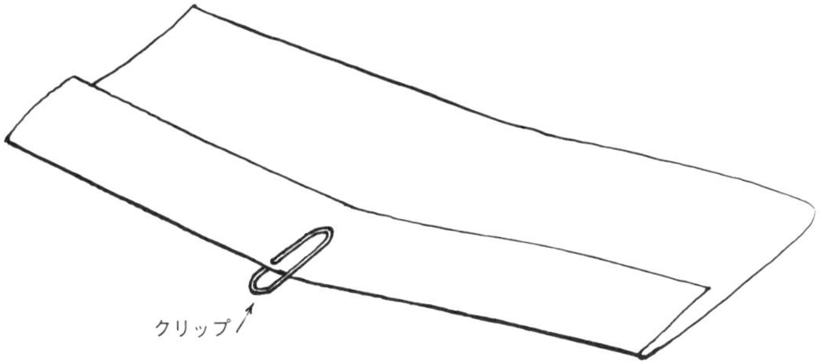

図 40

ここで、学校の授業で習う紙ヒコーキの折り方を載せておきます（図41）。この図を見ながら折ってみれば、昔折ったことのある方ならすぐに思い出せるでしょう。折り方のコツを若い世代の子どもたちに伝えて、すたれさせないようにしたいものです。

窓から紙ヒコーキを飛ばすと、時として上昇気流に乗り、上の階の開いている窓から中に入ってしまうこともあります。でも、その家の人も、このほほえましい出来事をきっと理解してくれることでしょう。

紙ヒコーキに小さなプロペラをつけることもできます。硬い紙でプロペラを作り、それをピンに刺します。そして紙ヒコーキの前部の適当な場所につければいいのです。紙ヒコーキを飛ばすと、なんと、プロペラが回転します。プロペラを中央に1つ、両脇に2つつければ、まさしくそれは、ユンカース52そっくりです。

そのうちに紙ヒコーキでは飽きたらずに、木製の骨組みをもつもっと大きな模型の飛行機を組み立てたくなるかもしれません。も

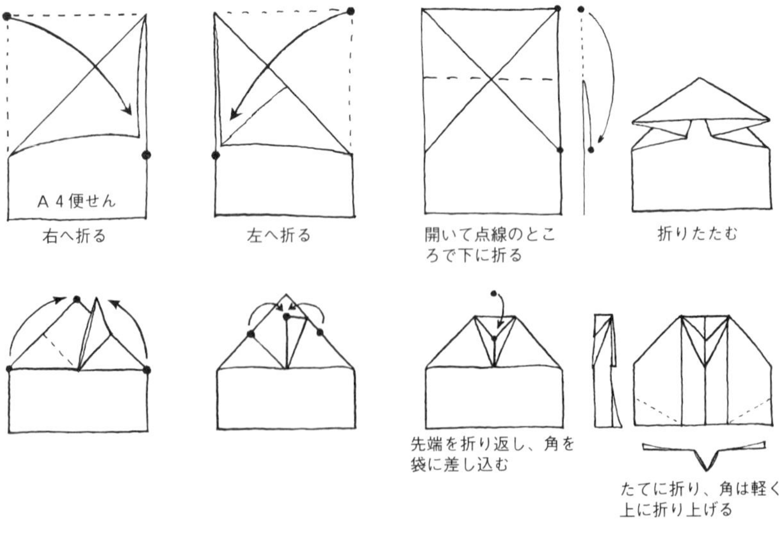

図41

ちろんきちんと飛ばすためには念入りに組み立てなければなりませんが、模型を扱っているお店で手に入るような簡単な組立てセットなら、初めて作る人にもそれほどむずかしいことはないでしょう。そして、それほど高くない模型セットでも、驚くほどの飛行性能をもっています。

紙ボールと紙風船

容易に風にのって運ばれ、モビールに吊すものとしても適している紙ボールの作り方を紹介しましょう。

まず、軽い画用紙（色つきのものがよい）から、完全な円を１つ、半円にのり代のついたパーツを２つ、四分円にのり代のついたパーツを４つ（それぞれ直径約10センチ）切り取ります（図42）。

次に、点線に沿ってのり代を折り曲げ、半円パーツ、四分円パーツの順番にノリで貼り合わせます。これで風にのる紙ボールのできあがりです。

日本の人たちにはおなじみの《紙風船》は、口で吹いてふくらませる紙ボールですが、この紙風船は破けにくく、空気もぬけにくいので、かなり手荒に扱っても大丈夫です。

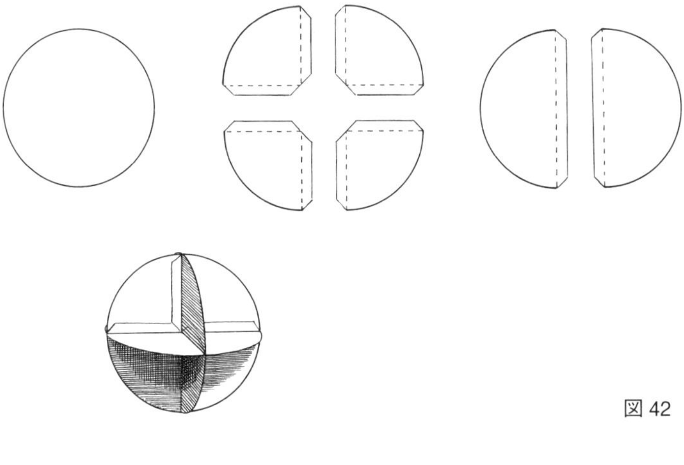

図42

落下傘

落下傘を作る材料を買いにお店に行く前に、あたりの自然をよく見回してみましょう。

自然の中には"飛行装置"のついた種子がいろいろあります。その典型的な例がタンポポの花の咲き終わったあとに出てくる《綿毛》で、それが小さな落下傘のようにふわふわと空中を漂います。

また、風がないときでも、カエデ、トウヒ、モミの木、菩提樹などの樹木の種子を投げたり、落としたりするだけで、おもしろく遊べます。これらの種子には翼がついていて、それがヘリコプターの羽根のように回転するのです。この種子をよく観察し、どのように回転しているのか調べてみましょう。

熱帯地方（マレーシア諸島）には、種子が本物のグライダーのように滑空する植物があります。たとえば、ザノニア (Zanonia) という植物の種子は、前に紹介した葉書で作った紙ヒコーキと似たような飛び方で、かなり長い距離を飛びます。

細長い紙切れの一方の端から少し切り込みを入れ、それぞれ反対側に折り返します。この紙切れを少しひねりながら落とすと、旋回しながら落ちていき、ゆっくりと着地します (図 43)。これは、上で述べた樹木の種子を落としたときの様子に似ています。

図 43

高い吹き抜けの階段室で、この紙切れを落とし、クルクル回りながら落下していくのを見るのはとてもおもしろいものです。もちろん、あとできちんと拾い集めておかねばなりません。さもないと、大人にしかられますからね。

また、ハンカチくらいの大きさの軽い正方形の布を使って、小さな落下傘を簡単に作ることができます。布の四隅に細いひもを結びつけ、その4本のひもの端を1つに結び合わせます。その結び目のところに、たとえば釘のような小さなオモリを結びつけます。この釘は、オモリであると同時に、落下傘降下者の役も果たします。もちろん小さな人形でもかまいません（図44）。

正方形の布の大きさと、オモリの重さは、互いに釣り合いがとれるように工夫しましょう。

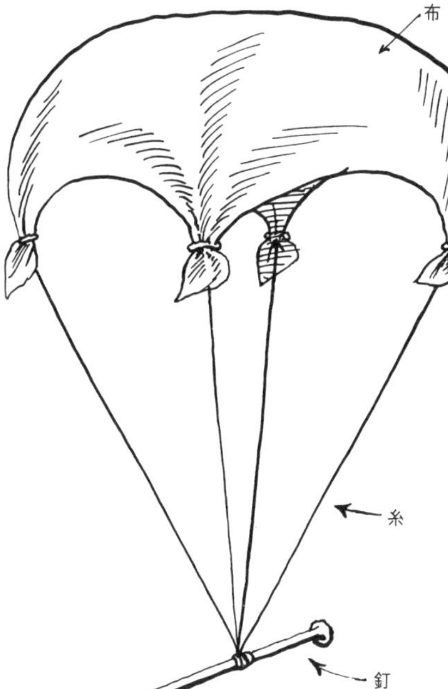

図44

ヘリコプター

ヘリコプターに関連して、回転しながら自然落下する遊具については、すでにお話ししました。日本には、竹で作った素朴な遊具があり、《竹トンボ》と呼ばれています。この竹トンボは、現在ではドイツでも時折、少し形を変えて売られています。

日本のものは、他に類のないほど簡単で効率的です。この竹トンボは、自分でも簡単に作れますので、次に紹介しましょう。

まず、約 10 センチの長さの薄い板切れを用意し、これをプロペラ状に削ります。これは竹で作れば軽くて長持ちしますが、必ずしも竹でなくてもかまいません。左右にバランスよく削りだしたプロペラの中央に穴をあけ、この穴にプロペラとほぼ同じ長さの細い棒を差し込み、接着剤で固定します（図 45）。

このプロペラを回転させるには、軸の細い棒の部分を両手のひらの間にはさんで、両手を強くこすり合わせます。それを巧みに素早く行えば、棒についたプロペラが回り、手を離すと数メートルの高さまで上昇し、やがて回る勢いが弱くなると下に落ちてきます。

これは戸外での簡単で楽しい遊びです。室内ですと、勢いよく回転するプロペラが何かを傷つける恐れがあるから危険です。

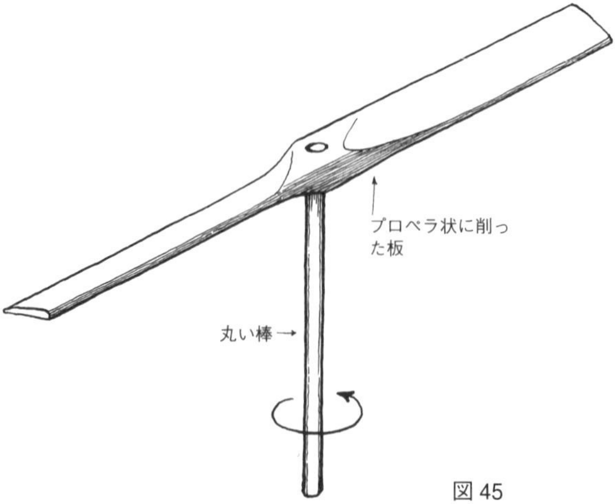

図 45

次に紹介する《ヘリコプター》は、特に危険な動きをしないので、室内でも心配なく飛ばせるものです。しかし、作り方は竹トンボよりむずかしく、手間がかかります。

まず、20センチほどの長さの棒を用意します。その棒の一方の端に薄いブリキ板を曲げて作った軸受けを取りつけ、そこに一端が鉤型になっているプロペラの軸を差し込み、ビーズをはさんでプロペラを取りつけます。この軸を回転させる動力は、ゴム輪を二重にした《ゴムモーター》です。このゴム輪を、軸の先端の鉤と、棒のもう片方の端に取りつけた小さな鉤の間に張りわたします。

そして、棒の下側の先端には、上側のプロペラとは反対方向にねじれた第二のプロペラを取りつけておきます（図46）。

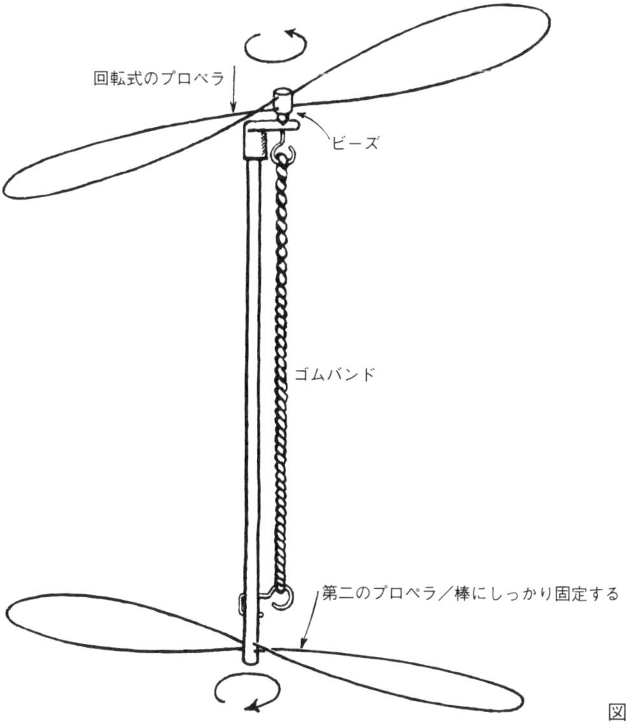

図46

上側のプロペラを指でグルグル回して、ゴムを十分に巻いてから手から離すと、ヘリコプターは天井まで上昇し、まるで昆虫のように天井をはい回りながら飛び続け、ゴム輪が元のまっすぐな状態に戻ると床に落ちてきます。

このヘリコプターをうまく飛ばすには、すべての部品をできるだけ軽く作りあげる必要があります。棒には模型用のバルサ材が適しています。軸受けには薄いブリキ板、回転軸には0.2ミリの太さの針金、プロペラには動植物の堅い毛などに薄葉紙を張ったもの、モーター用ゴムには小包用のゴム輪が適しています。

第二のプロペラは、棒の上端の、第一のプロペラのすぐ下側に取りつけてもかまいません。第二のプロペラは棒の回転に伴って、第一のプロペラとは反対方向に回転します。

かざぐるまと羽根車

前項で紹介した《ヘリコプター》のプロペラには、垂直の回転軸がついていました。水平方向に回転軸のついた羽根車なら、もっと手軽に遊べます。

もっとも簡単なものは、たとえば年の市で売られている《かざぐるま》です。このかざぐるまは、自分でも簡単に作れます。大きいものや小さいもの、色のついたもの、白いものなど、お好み次第です。

まず丈夫な正方形の紙を用意し、その四隅から対角線上に適当な長さの切り込みを入れ、その一方の先端を中心に向けて順々に折り曲げます（図47）。それから、中央に集まった4つの先端を重ねてピンで刺し、最後に紙の中央部を刺し通します。その先に軸受けとなるビーズを通してから、細い木の棒に差し込みます。

これで、かざぐるまができあがりました。風を受けるとひとりでに回り出します。風のない日には、棒の部分を手に持って走ると、かざぐるまは回ります。ここではもっとも簡単な作り方を紹介しましたが、長持ちさせるには仕上がりを頑丈にすることです。

私がまだ小学生だった頃、しばしば、プロペラをつけて自転車を走らせているのを見かけたものです。当時、プロペラは辺材を削って自作されていましたが、回転には何の問題もありませんでした。問題があるとすれば、自転車に回転軸をどうやって取りつけるかということと、軽やかに回転するビーズの軸受けを作ることです。

でも、発明力のある子どもたちは、昔の私たちと同じように、うまく成功することでしょう。つまり、軸受けに油を塗るのです。

もうひとつのヒントは、プロペラを少し傾けることです。自転車が走り出すと、少し傾いたプロペラは勢いよく回ります。もちろん、プロペラは自分で回るのではなく、自転車を走らせることによって回るのですが。

あるとき、若い男がモーターによって回るプロペラで自転車を動かそうとしているのを見たことがあります。彼はその発明に夢中で、いろいろな試みをしていました。その姿が写真に撮られて地方新聞に載りましたが、それにもかかわらず、誰もその真似をしようとする人はいませんでした。

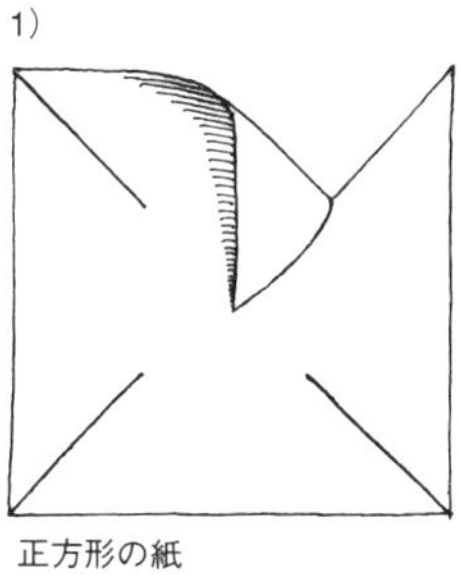

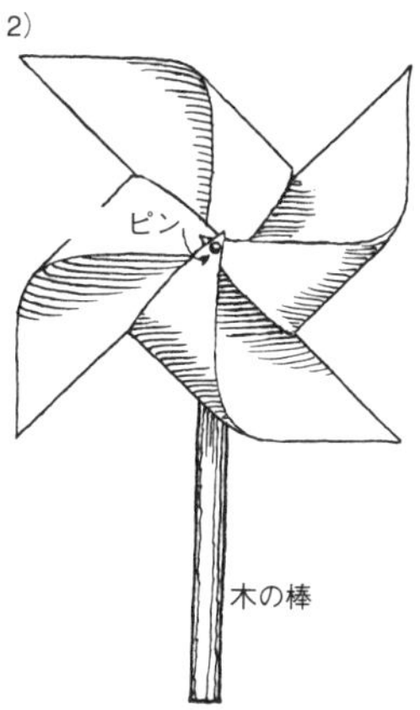

1）正方形の紙
四つの角から切り込みを入れ
それぞれ一方の角を折る
2）すべての角を折り曲げ
ピンで上から止める

図 47

風車（ふうしゃ）

ちゃんと回転する風車も、それほど手間も費用もかけずに作れます。まず、どんな形の風車を手本にするか、よく考えてみましょう。

たとえば、オランダの風車は非常に魅力的です。前庭に、本物そっくりのオランダ風車の模型が据えつけられてあり、それを陶製の人形が取り囲んでいるといった光景は、時折見かけられます。この形のものなら、手間はそれほどかからず、費用も安く見積もれます。本書のカバーに描かれている風車は、その単純化された模型です。

ここでは、南国に見られる帆で風を受ける風車を手本としておすすめしたいと思います。

風車を支える台としては、たとえば洗剤を入れるのに使うような、使い古しの円筒形のボール紙の容器を利用します。この容器の外側に色を塗ったり、きれいな紙を貼りつけて飾りたてましょう。容器の中には半分ほど小石を詰めて、完成後に風に吹き倒されないようにします。

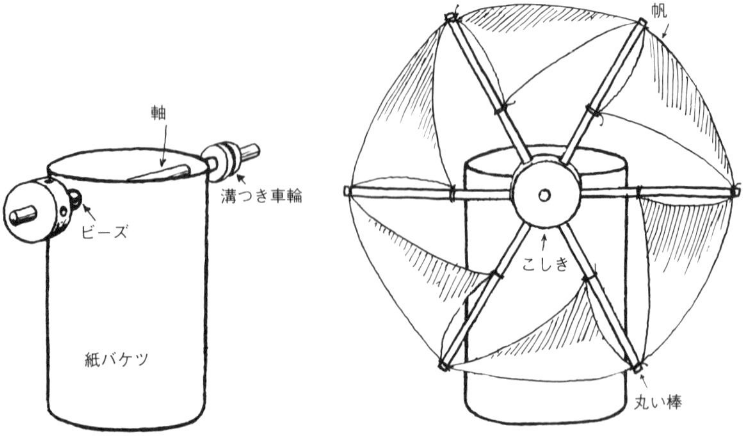

図48（左／右）

次に、容器の上部の向かい合った位置に２つ穴を開け、この穴に直径 10 ミリ程度の太さの棒を通します。この棒が風車の軸になります。この棒の風上側には、かざぐるまと同じように軸受けの球をつけます。そして反対側には水車を作るときに紹介したような溝のついた車輪を取りつけ、これで動力を伝達して何かの遊具を動かします（図 48/ 左）。

その前に、風車を完成させなければなりません。風を受ける帆も用意しなければなりません。側面にいくつかの穴を等間隔に開けたこしきも必要です（これは、日曜大工の店で入手できるかもしれません）。このこしきを軸にはめ込み、接着剤で固定し、穴には同じ長さの木のスポークを差し込みます。

次に、布を裁断して、三角形の帆を作ります。切り取った帆の３つの角をそれぞれ木のスポークに結びつけます（図 48/ 右）。

軸受けが円滑に機能すれば、風車はわずかな風でも回ります。順風ともなればブンブンと音をたてて回り続けます。

この風車は、仕上がりの精密さはそれほど問題ではありません。これまで述べてきたように、軸受けが命なのです。たとえばプラスチックもしくは金属製の細い管を厚紙の台に刺し通して接着させて、その中に回転軸を通す方法もあります。

最後に、円筒形の容器に円錐形の帽子をかぶせたらおもしろいでしょう。

写真 49　17 世紀のクラッペン風車　（ミュンヘンのドイツ博物館所蔵）

風向・風力計

風向計も忘れてはならないものです。これはプロペラのついた飛行機として作りあげられることが多いようです。ここでもそのような形のものを作ってみましょう。

庭に支柱を立てて、その上に飛行機を据えつけます。飛行機が風の方向に向くように、尾部にある方向舵は大きく作る必要があります。プロペラと飛行機の頭部の間、及び支柱と飛行機の間には、軸の摩擦を弱めるために軸受けとしてビーズをはめ込みます。後者の軸受けは、飛行機の重心に位置していなければなりません。

飛行機を吊せば、もっと簡単な風向計ができあがります。それにビーズも節約できます。

もちろん、この飛行機は、自分で作ってみることをおすすめします。まず、板切れを組み合わせて飛行機の形にし、風雨による痛みを防ぐためにそれに色を塗ったり、あるいはニスを塗ったりします。このような保護のための処置は大事です。なぜなら、風向計はどんな悪天候にも耐えて、長持ちするものでなければならないからです（図 50）。

もちろん、風見鶏《かざみどり》を作ることもできます。当然ですが、これにはプロペラはついていません。

暴風雨の場合には、お碗形の回転装置による風力計も忘れてはなりません。気象関係者はこれで風力を計っています。

さて、4 つのお碗状のものを、どうやって入手できるでしょうか？それには 2 つのテニスボールを犠牲にする覚悟が必要です。正確な風力計を作るには、かなりの熟練が必要ですが、比較的簡単な作り方としては、まず 2 個のテニスボールをそれぞれ四半分にし、水平に回転する平らな丸い板の表側と裏側にはりつけます（図 51）。

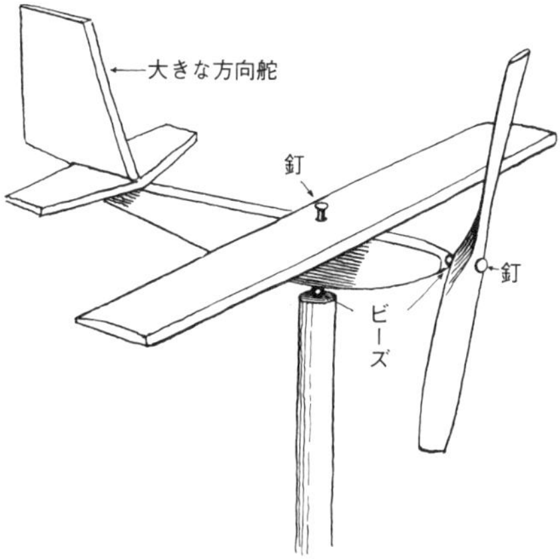

図 50

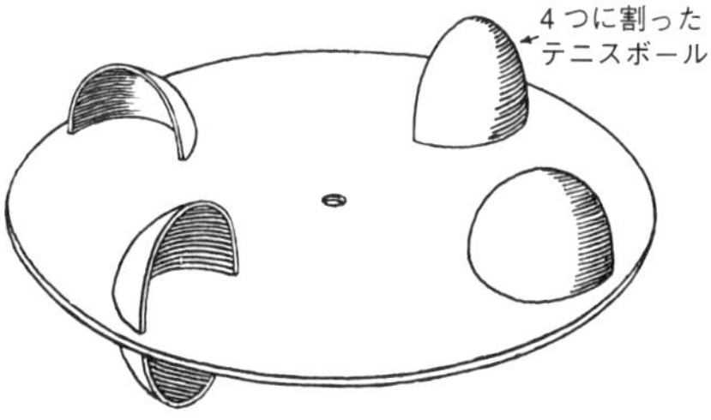

図 51

あるいは使い古しの自転車の車輪に風受けの漏斗を固定する方法もあります（写真 52）。

もっと簡単なのは、波形に成形したブリキ板を利用して作ったものです。これはガソリンスタンドなどで時折見かけます。平らなブリキ板は決して風を受けて回ることはありませんが、波形のブリキ板は非常によく回ります。なぜなら、くぼんだ側が盛り上がった側よりも、よく風をはらむからです。この場合、軸は垂直であっても、水平であってもかまいません。風に対して垂直になっていればいいのです（図 53）。

写真 52

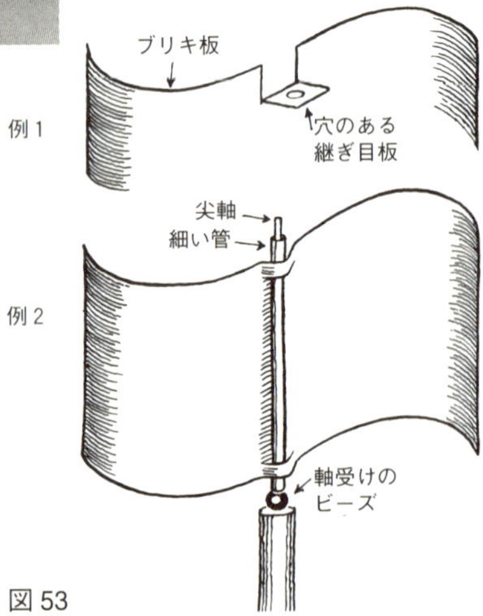

図 53

まず、あまり小さすぎない長方形のブリキ板を用意し、それをなめらかな波形に湾曲させます。その中央に細い管をハンダで接合するか、あるいは金属接着剤で接着します。この管がこの装置の尖軸の軸受けとなるのです。これで、風が吹けばブリキ板は回転します。

ちなみにブリキ板は光をよく反射してキラキラ光るので、この装置はさくらんぼの実る時期には、小鳥を追い払う案山子《かかし》の役目も果たします。

［写真 54］のような、ドラム缶を半分に切断したものを２つ組み合わせた装置も、同じ原理で回転します。

写真 54

鳴子（変わり風車）

ブリキ板の回転機と同様に、畑の作物にとって招かれざる客である害鳥を追い払う役目を果たしてくれるのが《鳴子》です。シュタイアーマルクのぶどう栽培農家の人々は、非常に騒々しい音をたてながら回転するこの風向計を役立てています。なぜ騒々しい音が出るかというと、軸の延長部に取りつけたいくつもの可動式の木槌が、軸の回転によって吊り下げたいくつもの共鳴板を打ちたたくからです。

少し斜めに取りつけた、約１メートルの長さの８枚の細長い薄い板が羽根となって風を受けて回転し、軸を回転させます。この装置は、後方に突き出るように据えつけられた箒《ほうき》によって、風が吹いてくる方向に向きを変えるようになっています（写真 55）。

また、自転車の車輪のスポークを利用しても風車を作ることができます（写真 56）。

さらに、２つの風車を前後に、または上下に並べ、それぞれ逆回りに回転するようにしたら、視覚上とても魅力的な効果があります（写真 57）。

写真 55
シュタイアーマルクの鳴子風車

写真 56

写真 57

駒輪

風車以降に紹介してきた空気や風を利用した遊びは、どれも活動的とはいえないタイプのものでした。つまり、遊びの中心は、それを作ること自体にありました。手間ひまかけて苦労して作りあげた装置は、自然の力でひとりでに動きます。遊びは、その様子を眺めることにとどまっています。

ところが、ここで紹介する駒輪の場合、それとは違って、自分も一緒に走りまわらねばなりません。

駒輪は、風の力で回転します。ただし、この遊具で楽しむには、風だけでなく、走りまわれる広い場所も必要です。この遊びに最適な場所は、広い砂浜です。子どもたちと一緒に海辺に行ったら、駒輪を作って遊びたくなるものです。

図 58

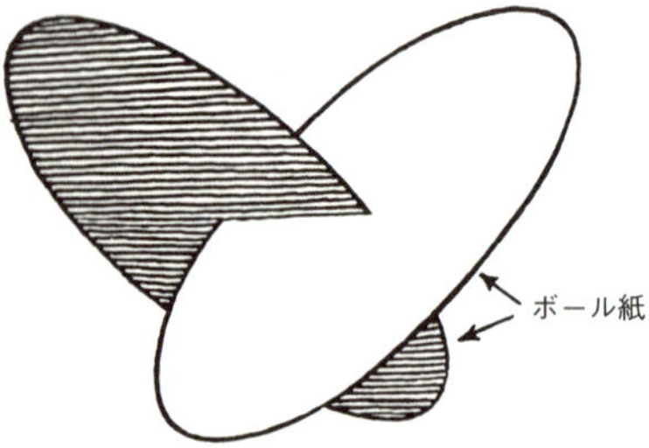

図 59

まず、ボール紙を1枚用意し、それを円形に裁断します。この円は大きければ大きいほどよいのです。この円形の台紙に三角形の型をいくつか描き、その2辺を切って、表と裏へ交互に折り返していきます（図58）。

このようにして作った駒輪は、地面に立てると風を受けて回転しながら数キロメートルも走ります。

これと同様に簡単に作れるのが《オロイド》と呼ばれる遊具です。このオロイドは、円形に切り取った2枚のボール紙にそれぞれ中心まで切り込みを入れて、一方を、もう一方の中心にまではめ込んで組み合わせただけのものです。はめ込んだ部分はしっかりと接着させます（図59）。

不思議なことに、こんな単純な駒輪でも風を受けて、ヨロヨロしながらも回転してよく走ります。

帆のついた車とプロペラで走る車

砂浜で、スポーツとして帆のついた車を走らせているのを、時折見かけます。これに倣って、その小さなものを作ってみたらどうでしょうか。

これを作る上での大事な点は、車輪（通常3個）の位置が互いにかなり離れていること、つまり車体をかなり幅広に作ることです。この車体を作る材料としては、しっかりした木あるいは金属が適しています。専用の部品も売られています。

車輪は既成品を買い求めるのがいいでしょう。ゴムのタイヤも売っています。ただしこの場合は、本物と違って、車輪を舵で操縦できるようにする必要はないでしょう。

3つの車輪をつなげた骨組みの中央より少し前寄りのところにマストを固定し、帆を張ります。帆を張るのにコツはいりません。当然のことですが、帆はねじれるようになっていて、風向きに応じて向きを変えることができるのです。そして帆の下側の端に結びつけたひもの長さで、向きを調整します（図60）。

もっともやっかいなことは、この模型の帆のついた車を走らせるのに適した風のある平らな場所を見つけることでしょう。

砂浜にはたいてい小さな起伏があります。そうした起伏は、本格的な大きな帆つき車の障害にはならなくとも、私たちが作るような小さな帆つき車を走らせるには障害となります。

アスファルト舗装の道路は、自動車が１台も走っていなければ、格好の遊び場所となるのですが。

したがって、この車を作るのは、実際に走らせることのできる場所を知っている場合に限られるかもしれません。

たとえば、凍りついた湖面でも走らせることができます。車輪の代わりに滑走板を装着すれば、氷上ヨットになります。ただし氷上ヨットは、風を受けたら風向きのままに滑っていってしまい、まっすぐに帆走してくれないことを承知しておく必要があります。滑走板は、氷の上では車輪のように横向きの力を受け止めてくれませんし、大きな帆船についているようなキール（垂直のオモリ板）も、この氷上ヨットには備えつけられていないからです。

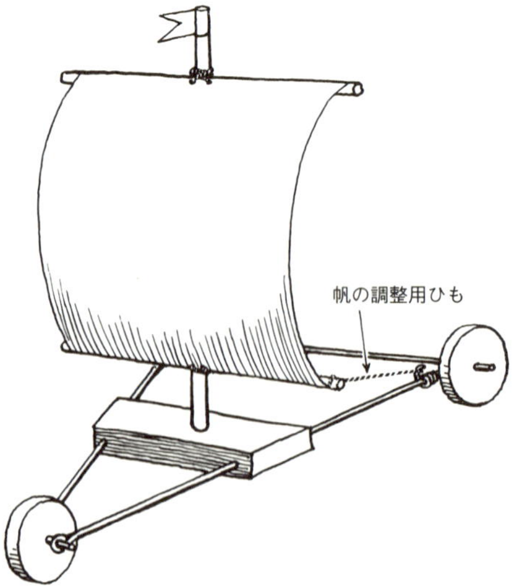

図 60

プロペラの回転によって走るプロペラ車も魅力的です。これの作り方は、61 ページに紹介した《ヘリコプター》の作り方と似ています。ただ、第二のプロペラの位置にハの字形に開いた脚を取りつけます（図 61）。

このようなプロペラ車は、平らで滑らかな走路さえあれば、かなり長い距離をビュンビュンうなりながら走ります。1930 年代には、実際にプロペラをつけた乗り物がハンブルクとハノーバーの間に敷かれたレールの上を時刻表に従って走っていました。これは《鉄道ツェッペリン号》と呼ばれていました。もちろんこれはゴム動力で走ったのではなく、規模もはるかに大きいものでした。

ここで作る《路上ツェッペリン号》は、前に紹介したヘリコプターよりももっと重くてもかまいません。これは、宙を飛ぶのではなく、船が水中にあるスクリューの回転で進むのと同じように、プロペラの回転によって地面の上を車輪で進むものだからです。

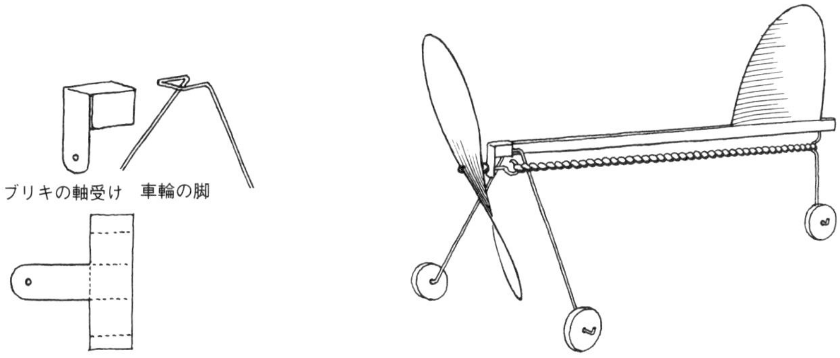

図 61

凧

遅ればせながら、凧の紹介です。凧を作るのは非常におもしろいので、既製品を買わないようにしましょう。凧の形は、正方形、長方形、六角形、台形、円形など、お望み次第で作れますし、それを２枚重ねて揚げることもできます。もちろん無地でもかまいませんが、凧に色を塗ったり、絵を描いたりすることもできます。

まず、細くて丈夫な軽い棒で、骨組みを作ります。材料としては、松の木を細く平らに削ったもの、あるいは竹が適しています。竹を使う場合は、細い竹をそのまま用いても、太い竹を縦に細く割って用いてもかまいません。専門家はグラスファイバーやカーボンファイバーを使っています。

ここでは、本書のカバー画にも見られるような《伝統的》な形をした凧の作り方を簡単に紹介しましょう。

ほぼ同じ長さの２本の細い棒を用意し、そのうちの短めの棒を長めの棒の上から３分の１の位置で十字に組みます。そうしてできた十字組みした棒の４つの先端を丈夫な太い糸を張って結びます。糸は、棒の先端に少し切り込みを入れてから巻きつけて、接着剤で固定します。

この骨組みに凧紙を貼ります。この凧紙はドイツでは《トランスパレントの凧紙》と呼ばれていますが（あとがき参照）、いろいろな色のものが揃っています。この紙は比較的軽いのですが、丈夫で、滅多に破れることはありません。また、目が細かくて、よく風をはらみます。風の強い地方の人たちは、この紙を凧に貼っています。

競技用の凧には、ポリエステル製の紙やナイロン製の三角巾などが使われることもあります。

凧を作る人が必ず知っておかねばならないことがあります。それは、凧の面が風を受けて中側にへこんではいけない、ということです。ですが、凧に貼った紙は、風を受けると自然にそのような状態になります。そうなった凧は、はじめはよく揚がりますが、すぐに弧を描きながら墜落してしまいます。そんな凧ではおもしろくありません。

このような《悪い癖》が生じるのをさけるために、凧は多少V字形に反らせておくといいでしょう（図62）。こうすれば、それほど勢いよくは揚がりませんが、風を受けて安定した状態で上空にとどまっています。また、紙が風でふくらんでしまうのを避けるために、凧紙は常に骨組みの上側から貼ります。

凧をV字形に反りかえらせるには、横木に折れ目を入れるか、もしくは湾曲させます。また、横木の両端に糸をかけ渡すようにしてきつく引っぱれば、凧はV字形に反りかえります。

凧の本体が完成したら、一本の糸を縦木の上下両端に結びます。その糸の、上から3分の1の位置に、凧を揚げる糸を結びつけます。結び目は、風がかなり強い場合には中央寄りに、それほど強くない場合には上寄りにします。

残念ながら昨今のドイツでは、ヘリコプターの飛行の妨げにならないように、凧揚げの糸は、100メートルの長さまでしか許可されていません。また、飛行場の近辺では、凧揚げはそれ自体が禁止されていることは、言うまでもありません。

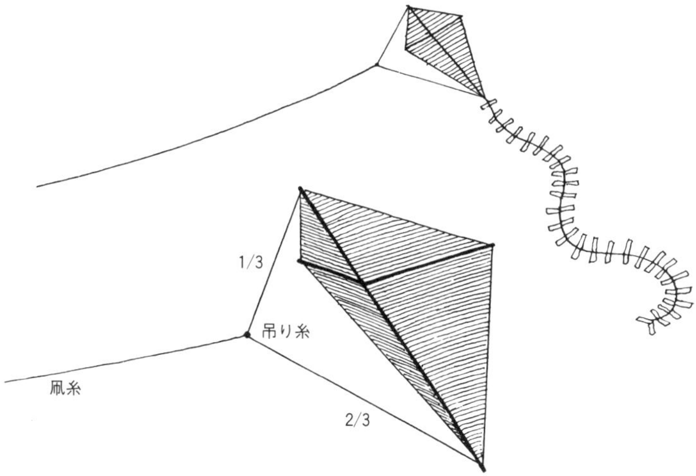

図62

ブーメラン

ブーメランはれっきとしたスポーツ用品ですが、もともとはオーストラリアの原住民アボリジニが狩猟に用いていた、木製の投具です。

ブーメランはスポーツ用品店で入手可能です。しかし実際にスポーツとして行われることが非常に稀なので、投げ方の講習はほとんどされていません。ですから自分で投げ方のコツを会得しなければなりませんが、たいていは購入した際に、簡単な投げ方の指導をしてくれるでしょう。

ブーメランを投げて遊ぶ場合には、広い場所が必要であり、見物人は、事故が起こらないように遠ざかっていなければなりません。なぜなら、初心者が投げたブーメランは、投げた人のところに戻ってこないからです。しかし、かなり練習を積んで、風の流れを十分に計算に入れられる人が投げたブーメランは、驚くほど長い弧を描いて、回転しながら飛び、螺旋形を描いて投げた人のところに戻ってきます。

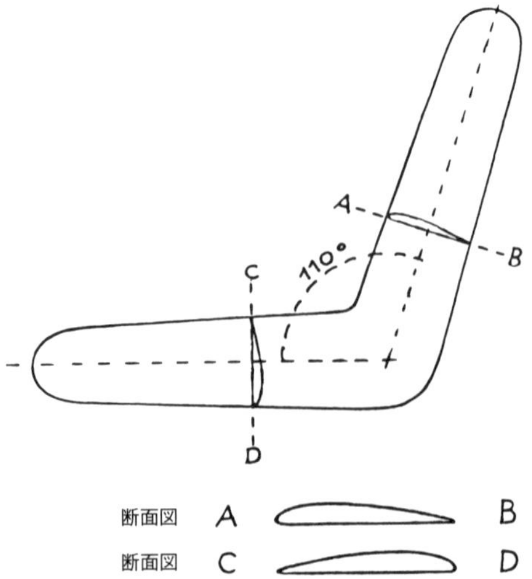

図63

《ブーメラン現象》を物理的に可能にしているのは、その断面の形です。それは飛行機の主翼の断面に似ています。つまり、上側にふくらみをもち、前部が丸く、後部がとがっているのです。そして下側は平らです。また、への字形に折れ曲がっている角度は110°です（図63)。これが回転することによって、あのフワフワと弧を描いて飛んでいく状態が生み出されるのです。

このブーメランを自分で木を削って作ってみてもよいでしょう。良質の合板材が適しています。最初は、実験的に小さなものから作り始めて、経験を積んでから大きいものを作るといいでしょう。

帆 船

水や風と一緒に遊べる帆船には、実にたくさんの可能性があります。どんな機会にも、どんな年齢でも、どんな技能の持ち主でも、どんな材料でも、それに合わせた帆船が作れます。ここでは、その中からいくつかの例をとりあげて紹介しましょう。

クルミの殻は、洗面器や浴槽に浮かべれば、それだけで小舟になります。このクルミの殻の底の中央に、粘土などを使ってマッチ棒を据えつけてマストにします。このマストには、接着剤を使って紙の帆をつけます（図64)。

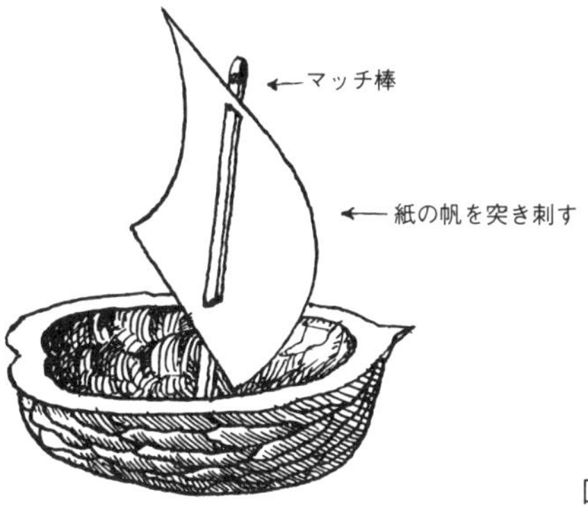

図64

これを水に浮かべて、走らせたい方向に向けて息を吹きかけます。ごく小さい人形をこれに乗せて走らせてもいいでしょう。大きくて浅いたらい、あるいは水盤があれば、一方の隅と反対側の隅にそれぞれ舟着き場を作り、中央部には小石か苔で小さな島を作り、そこに灯台を備えつけ、そして帆船を往ったり来たりさせてみましょう。

多くの親が、クルミの殻の中に燃えている小さなロウソクを立てても大目に見ています。その場合には、帆をつける余裕はありません。それに、ロウソクの炎が消えないように注意深く息を吹きかけなければなりません。

帆船遊びは、戸外の池で行えば、もっと楽しいものとなるでしょう。次のようなごく簡単な帆船でも、風を受けて走ります。

まず、松の樹皮を削って船体を作ります。舟の中央部より少し前寄りに小さな棒を立ててマストにします。マストを立てる穴は小刀で開けます。しおれた葉っぱや花びらを帆に利用し、それをマストに突き刺します。必要ならば、細い糸を使って帆をマストのちょうどよい位置に固定してもいいでしょう。その際、接着剤は使わずに、ただ結びつけるだけにします。その方が自然です。だとすれば、糸の代わりに草の茎を用いてもいいのです。

ポケットには小刀を、頭には帆船の設計構想を詰め込んで池に出かけ、そこで見つけた自然の材料を用いて帆船を作ってみましょう。池に浮かべた帆船が風で遠くに流されてしまっても、それほどなげくことではありません。すぐまた新しい帆船を作ればいいのです。

もし自宅であらかじめ帆船を作るだけの時間的余裕があれば、次のような帆船を作ることをおすすめします。

まず、1枚の小さな板切れの先方を尖らせます。次にその中央部より少し前寄りに穴を開け、そこに細い棒を差し込んでマストにします。そのマストに薄い布切れで作った四角い海賊船の帆を取りつけます。あるいは三角帆でもかまいませんし、帆を2枚つけてもかまいません。後部には、位置の調節ができたり、あるいは曲げることのできる、簡単な舵を取りつけましょう。船底にキール（垂直のオモリ板）を取りつけてもいいでしょう。これで帆船のできあがりです。

池に浮かべれば、帆船は、風の力でひとりでに水上を走ります。これに小さな人形を乗せてもよいでしょう。

ところが帆船遊びには、とかく不運がつきものです。風が帆船を池の手の届かない所にまで運んでいってしまうこともあるでしょう。そうした場合に備えて、帆船に長いひもをくくりつけておけば、いざというときに手《た》繰《ぐ》ることができます。

かつて私が目にしたことですが、ひもをくくりつけておかなかった帆船が、手の届かないところで水草にからまってしまった時、2人の賢い男の子が、池にひもを張り渡して、両側からひもを操って帆船を用心深く引き寄せていました。

小さな帆船は、風を受けて簡単に転覆してしまいますが、南洋の島に住む人々が乗っているような、舷外浮材のついた小舟は、多少の風を受けても転覆しませんし、現代のカタマラン船（双胴式）も転覆しません（図 65）。

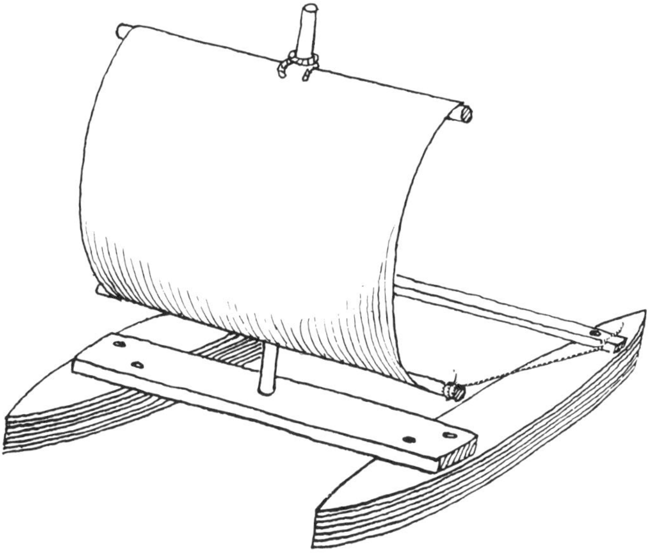

図 65

また、ある兄弟は、それぞれ木を削って船体を作り、それを合わせて双胴の船体にし、１本のマストに立派な帆をつけました。こうして一隻の帆船が完成したのです。

双胴帆船の船体として、プラスチックのビンなどを２つ用いてもいいでしょう。見た目はそれほどよくありませんが、快速船が作れます。もちろんプラスチックのビンは、すっかり空にしてから密閉します。その2つの空きビンに3枚の板切れを取りつけるのですが、1枚は前方に、もう１枚は後方に、残りの１枚は中央に渡して固定します。中央の板にマストを立てて、帆を張ります。これでもう出帆させられます。

ただし、次の点を知っておかねばなりません。風を横切って帆走させるには、必ず船底にキールというオモリ板が必要です！

《吹き流し》は、帆船には欠かせないものです。それをたびたび見ては風向きや風の強さを確認しますが、風にたなびく色鮮やかな帯を見ているだけでも楽しいものです。これを自分で作って自転車につけて走ってみるとおもしろいでしょう。

最後に根気のいる遊び

竹を１本用意し、一方の端は節でふさがっているように、もう一方の端は開いている状態に切ります。節の少し手前のところに小さな穴を開け、その穴に、たとえば金属製の細いパイプを差し込んで接着剤で固定します。この竹筒に息を吹き込むと、パイプの先端から空気が吹き出ます。

次に、脱脂綿を小さく丸め、針金をこれに突き通します。針金の一方の端は軽く鉤形に曲げ、もう一方のまっすぐな方は、金属製のパイプに差し込みます。今度は竹筒に息を吹き込むと、綿球がパイプから舞い上がり、床に落ちます。

そこで、［図 66］のようにリング状に細工した針金を、金属製のパイプの上方の適当な高さのところに備えつけます。

さて、これからが腕の見せどころです。脱脂綿に突き刺した針金の鉤をリングに引っかけるのです。もちろん、手でやるのではありません。息を吹き込んでちょうどいいところへ脱脂綿を舞い上げるのです。この遊びの成功の鍵は、器用さと運でしょう。

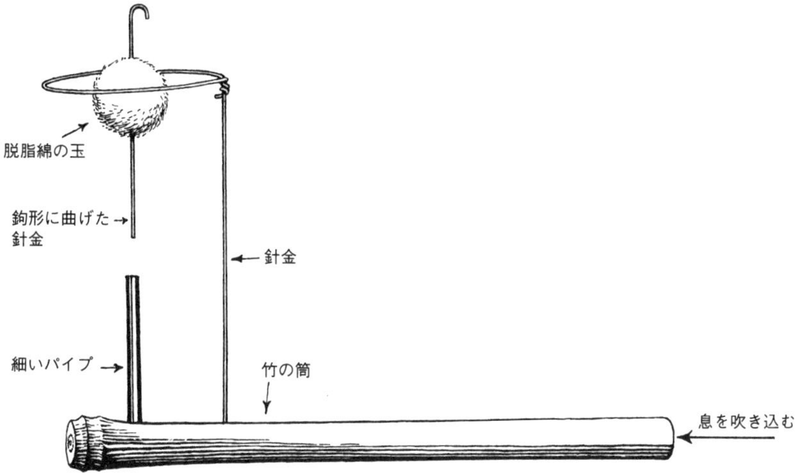

図66

あとがき

本書では、手づくりの簡単な遊具と、少し手のこんだ遊具の作り方を紹介しました。どの遊具も水と空気という活力ある自然の要素（エレメント）に私たちを誘い込んでくれることでしょう。

遊具を作る上で重視するのは、もっぱらその機能性で、本物そっくりにというわけではありません。

たとえば、本物そっくりの帆船は、ガラス戸棚の中に飾っておくものです。これは遊具とはいえず、博物館の陳列品です。水や空気はそれ自体が自然であり、そこに重きがおかれなければなりません。

その反面、子どもたちのファンタジーも軽視してはなりません。子どもたちにとっては、クルミの殻でさえ、遊びの中では小舟を意味しますし、小さな紙切れが落下傘やヘリコプターにもなるのです。ですから、遊具を作る際には、簡単で安価な材料を用意すれば十分なのです。

そうして手作りした遊具を動かして遊ぶには、いろいろと経験を積み重ねる必要があります。必ずしもすべての遊具が、最初からすぐにうまく動いてくれるわけではありません。十分に考え、欠陥を見つけ出し、何度も試してみれば、やがてうまくいくようになります。

時には経験者の助言と助力が必要になることもあります。けれども作りあげた装置が、ねらいどおりに動いたときの喜びは、ひとしお大きなものです。そうなれば、もう《専門家》も同然で、問題点を見抜き、自分なりに工夫できるようになります。

必要な部品をすべて入手することは、必ずしも容易ではありません。時には、専門店で遊具の作り方の手引き書と完成された部品がセットになって売られているものを購入するのも、1つの方法です。それによって遊具の製作はかなり楽になり、それで遊ぶ時間も多くできるでしょう。

なお、本書で紹介した、さまざまな水車や風車、車輪を使って動かす鍛冶場やメリーゴーランド、また水の流れに逆らって走る小舟の材料入手方法については、工作用の遊具を取り扱っているお店に問い合わせて下さい。
また、《トランスパレントの凧紙》については、入手方法をルドルフ・シュタイナー研究所にお問い合わせください。

さあ、水と空気を利用した遊びに大きな喜びがありますように！

感覚体験は意志の働き

自然遊びは心を育て、
意志とファンタジー・創造性を育てる

解説
高橋弘子

今時の中学生はどうもあまり幸せではないようです。思春期といえば、どんな生徒でも肉体的にも大きな変化を遂げ、その本当の心はまったく深く内に沈み、考えていることは表面に現れる行為、行動、言動とは何マイルも遠くかけ離れているのが普通である、と言われています。

でも、それにしても、公立中学校の多くはかなり荒れているようです。この傾向はだんだんと低年齢化して、学級崩壊という現象も小学校において生じているところがかなりあるようです。私自身、幼稚園において、これがいわゆるクラス崩壊の始まりかと直観したことがあります。子どもたちがおもしろくないから荒れてしまうのではないでしょうか。

何か、どこかが間違っているか、欠けているのではないでしょうか。合わない洋服を無理矢理に着せようとして着られず、大人も子どもも困惑し、怒り、無力感に陥っているようです。

そんな現状の中で、以前に訳してあったこの本を再び手に取り、手を入れ直しながら読んでいるうちに、改めてびっくりしたのは、著者が何かにつけて、そうしたらおもしろい、きっと楽しい、という言葉を何度も使っていて、それが通奏低音のように響いていることでした。

私は自然のエレメント、地・水・火・風との遊びが大切と思い、この本でお父さんたちと遊具を作るつもりで訳したのでしたが、自然と向き合い、関わりながら、装置を工夫しながら、おもしろいぞ、おもしろいぞと言っている著者は、シュタイナー学校の教師に違いないと思ったのです。案の定、彼はやっぱり、日本にはじめてシュタイナー教育を紹介された名著、子安美智子さんの訳による『ミュンヘンの小学生』（中公新書）のミュンヘン・シュタイナー学校の教師でした。

ルドルフ・シュタイナー（1861～1925年）が1919年に、第一次世界大戦直後の廃墟と、ものすごいインフレの中で、その弟子であったヴァルドルフ・アストリア煙草工場の社長、エミール・モルトの願いに応えて設立したのが、シュタイナー学校（ヒットラーによって禁止されたため、別名ヴァルドルフ学校という）なのです。シュタイナーはその時、教師になる条件をいくつか挙げています。そのなかでも、とくに強調しているのが、想像力・ファンタジーの能力の育成です。教師は不機嫌な気分で生徒に向き合ってはなりません。（『教育の基礎としての一般人間学』高橋巌訳、筑摩書房）教科は、ファンタジー豊かに教えられなければ、数学の定理を初めとして種々の教科内容は子どもたちの感情にも訴えかけられないし、楽しい授業はできない、と言うのです。そしてこのファンタジーの育成のために、与えられたのが、まず自然をじっと観察する行《ぎょう》でした。

森の中を歩くにしても、そこにある植物や生き物を一つひとつ識別し、学名、ラテン名の名前を確かめ、知らないものがもうないか、ずんずん歩いていき、名前を確認することが学問である、という態度が今、一般に通用しています。この植物が何科に属し、いつ実を結ぶとか、その生息条件は何かとか、自然現象や自然の法則が次々に知的概念として、頭に浮かび上がり、意識されていきます。それが教科内容であり、現代の科学なのです。しかしこのような知識の羅列だけの教え方では、子どもの心を窒息させ、心を牢屋につなぐもの以上の何物でもないと、シュタイナーは言うのです。

幼稚園に頭のよいO君という子がいました。お父さんは技師でした。O君はいつも分厚い昆虫や動物の本を持っていました。珍しいクワガタやカブトムシの写真がそこにはのっていました。O君は全部その虫たちの名前を、ラテン名まで知っていました。ある時はカエルの図鑑も持ってきました。暇があるとそういう動物の図鑑を見ているのですが、森の中の本物の昆虫には興味がありませんでした。そして悲しいことに、幼稚園に来るのが好きではありませんでした。幼稚園には何とか来てくれていたのですが、学校に行ってからかなりの間、登校拒否をしていたようです。

自然界には驚きと、感動させる神秘がたくさんあります。ある夏の日の朝です。私は年長の園児たちと森の中を散歩していました。すると突然、誰かが、殻を脱いだばかりのセミの幼虫を持ってきてくれました。透き通るような無色でした。それが少しずつ光にあたって、緑色になっていくのです。まわりにいた子どもたちは、一瞬シーンとなり、とり囲み息をのんでこの世に出てくる生命の神秘のプロセスを見守ったのでした。

……もちろんこのあとすぐに、そしてこの生まれたばかりの頼りない幼虫は、樹の葉の上にそっとおかれたのでした。

夜にホタルを見に行きますと、必ず誰かが捕まえて見せてくれます。都会育ちの私はただ、いつも自然と身近に生きている子どもはすごいと感心するばかりなのですが、それでも、最近はそういう子どもも減ってきましたし、害虫駆除のせいか、昆虫そのものも激減してきています。

それでも幼児たちの生命に対する感受性は素晴らしいものです。そして驚きと興味がすごいのです。そしてこの驚き、驚嘆から学問への興味が出てくるのです。自然との関わり、自然の体験から、問いが出てくるのです。そして考えることも始まるのです。

ところが現代人の常として、私たち大人は物事をすぐに説明し、理解しようとしてしまいます。そして説明がなされたとたんに自然の神秘はしらけて、魔法はとけ、つまらないものになってしまうのです。

ルドルフ・シュタイナーは、小学校においての授業に感覚による認識の重要性を強調しています。感覚による知覚体験を基礎にするとき、驚きと発見があり、生徒たちの心が関わる、というのです。そして喜びが生じるのです。そしておもしろいということになるのです。

どの国の赤ん坊でも、「いないいない、ばあ」の遊びを喜ぶのは不思議です。大人が顔をかくして、しばらくして顔を見せると乳児でも声を立てて笑います。生まれてすぐに体験するのは、夜になって暗くなり、朝になって明るくなる、闇と光の根源的な体験です。この体験が嬉しいのだと言うのですが、これは明らかに感覚による知覚でありましょう。明るい光の中で大好きなお父さん、大好きなお母さんの顔が見え、しばらくするとどこかへ行ってしまい、不安となります。そうするとまたお父さん、お母さんの顔が出てきて大喜びするのです。この緊張と驚きが、幼児の心の発達にどれほど重要でありましょうか。

見る、聴く、触る、味わうなどの感覚体験は、意志が働かないと可能とはならないのです。ギリシャの哲学者プラトンは、人間がものを見るときには、眼から手が出ていると言っています。私たち人間は、目の前にあるものでも関心がなく見ようとしなければ気がつかず、全然見ていないことがしばしばです。人の話でも、聴く意志がなければ聴くことができません。何か考え事をしながら、またはテレビなどを見ながら食事をとっても、食物の味はせず、味覚は働かないのです。

幼児期には、触覚体験がことのほか大切だと言われています。砂遊びは何物にも代え難い遊びなのですが、この遊びも、幼児がまず土に興味を持ち、何だろうと触ってみたくならなければ砂遊びにはなりません。大人が触ってごらん、泥をこねてごらんと言っても、子どもはじっとしています。ところがそこに年上のお兄ちゃんかお姉ちゃんがいて、一生懸命に泥で山でも作っていますと、そばに寄っていって真似をし、手を動かしだします。

幼児を触発し、意味ある行為に駆り立てるのは、常にそばにいる人間であり、その人間の動きなのです。幼児にはまわりを模倣する本性があるのです。言葉の説明ではないのです。

２歳ぐらいで、やっとヨチヨチ歩きをするようになった幼児が、お母さんのあとを一生懸命ついて、お母さんの仕草の通りにしているのに驚かされることがあります。この立って歩くことすら、まわりに大人がいて歩いている姿を見て、自分も立ち歩こうとする意志が出てきて模倣するのです。もしまわりに誰もいなくて、歩く姿を見なかったら、歩くことすらしなくなります。狼に育てられ、推定８歳になって路上で発見された少女の話はあまりにも有名です。育ての親の狼は、４本足で歩き、言葉もないので、この少女は人間のように歩きもせず、言葉も話せないのでした。

最近では、言葉の発達の遅れのあるお子さんがどうも多くなりました。まわりできちんとした言葉が話されず、核家族でその上テレビが常時ついているとしたら、最低です。

幼児はテレビは嫌いではありません。映像が動くので、飽きることなく見続けることができます。でも、それが落とし穴なのです。

内容が何であれ、テレビを見ることは幼児の感覚体験にはならないのです。映像にどんなに優しいお姉さんが出てきても、触覚体験にはなりません。歩いていても、見ている子どもにその香りも働きませんし、同じように歩いてみるという衝動にもなりません。子どもはただじーっと全身をこわばらせて見ているだけです。

ルドルフ・シュタイナーは、時代がたつにつれてますます幼児のまわりで、大人が意味のある仕事をする姿を見せる必要性が出てくると語っています。幼児に何かをさせようとして、大人の意志を押しつけるのではなく、そばで意味のある仕事、意味のある生活をしているとき、幼児は自らの意志が触発されて、遊び出すと言うのです。一緒に遊んであげるのではなく、大人がそばで仕事に精を出しているとき、幼児は大人の意志から自由で、自分の好きに遊び出すのです。

7歳までの指導原理は、徹頭徹尾、お手本と模倣なのです。幼児は模倣する対象が身近にあるとき、幸せなのです。よく私の子どもは自分の言うことを聞いてくれないと嘆くお母さんがいますが、それは当たり前なのです。言葉では、まだ幼児は動かないのです。

家庭で、幼稚園で、保育園で、大人が仕事をしているとき、幼児は安心してひとり遊び、またはお友だちと遊びます。幼稚園で自由遊びの時間には、大人は意味のある仕事をしていなければなりません。教師がよい仕事に精を出していると、子どもたちは見事によく遊びます。

昔のお母さんは、一日中家で仕事をしなければなりませんでした。お米をとぎ、薪に火をつけ、ご飯を炊きました。着るものも自分でほとんど縫いました。お洗濯も、もちろん手でしました。そうすると、子どもたちは安心して遠くで遊び、時々お母さんが何をしているか、確認しにそばに寄ってきて、また遊びに戻っていくのでした。その遊びも、お母さんごっこであり、お人形遊びなのです。仕事をしているお母さん、お父さんの姿に触発されて遊ぶのです。

このようにして遊んでいくことによって、子どもの自我が育ち、意志が育っていくのです。もちろんそれは、子ども自身が大人の仕事する姿を自分の感覚で知覚し、素敵と思い、それを遊びの中で再現して遊ぶのです。子どもの模倣は、子どもの自我の発露なのです。子どもは素晴らしいと思わなければ、真似をしないのですから。

幼稚園の自由遊びの時間に、先生が病気とか、手がなくて子どもたちのそばに大人がいないとき、遊びはあまり発達せず、あまり遊べなくなってしまうのは不思議です。

昨今、生活があまりに便利になりすぎて、子どもたちのお手本になる仕事が少なくなってきました。生活が便利になればなるほど、子育ては難しくなってきています。子どもと遊んであげる時間をたっぷりとるために、ベビーフードを使ったり、コンビニの食事を使うのは、子どもにとって不幸きわまりないのです。お母さんが遊んであげるというのは、お話をしたり、手遊びをしてあげるのはよいのですが、ただ一緒にいて、テレビを見たり、テレビゲームをしたりするのでは、感覚体験が少なく、子どもの自我が育たないのです。

現代では、子どもが少ないので、大人が手を出しすぎ、心のかけすぎで、子どもを自由にしないで窒息させているようです。

昔は、街に出ると通りに畳屋さんもあり、傘の修理をする傘屋さんもありました。子どもは飽きもせずに職人の手のさばきをじっと見ていたものです。それが今ではすっかり影をひそめてしまい、その代わりにテレビとテレビゲームが進出してきています。

テレビゲームは手を動かすことはしますが、もうすでにその運びは設定済みで、そのプロセスに対して反射感覚で対応し、考え、意志を働かせて行動するわけにはいきません。受け身なのです。受け身である限り、人間はイライラしてきます。

ルドルフ･シュタイナーは、「人間は自らの感覚体験で、——しかも 12 の感覚があると言うのですが——、イメージを結び、それがファンタジーとなり、魂を活性化する。人間の魂はイメージが糧であり、ファンタジーが想像力となる」と指摘しています。テレビもテレビゲームも、人間本来の創造性の根源であるイメージを他者の手によって作られた映像によって押しつけるわけで、子どもの魂を駄目にし、窒息させてしまうのです。

ルドルフ・シュタイナーは「幼児に人形を与えるときも、顔が正確に美しく、ていねいに出来上がったものを与えてはいけない。そういう完成された人形を与えると、子どもの頭を平手打ちするのと同じである」と語っています。お人形はてるてる坊主でよい、そうすると子ども自身のファンタジーが翼を羽ばたかせることができる、と言うのです。

幼児にテレビやテレビゲームを与えることが何を意味するか、言うまでもありません。

幼稚園でも、テレビを家においていない家庭が最近では増えてきました。これは本当に嬉しいことですし、有り難いことです。家庭にテレビのないお子さんと、テレビを見ているお子さんでは、大変な違いがあるからです。テレビ好きのお子さんは、どうしても自分勝手です。落ち着きがなく、どうしても集団行動しにくいのです。

まだ４歳になったばかりのＥちゃんは、幼稚園に来てすでに２年、最初はすぐに保育室を飛び出したり、お友だちの遊びを破壊するだけでしたが、最近ではやっと仲良く遊べるようになりました。それでも昨日、何かで先生に注意されると、プイッと外に出て、座り込んでつぶやいていました。「いいもん、うちでピカチューのビデオ見るもん……」

４歳でもう優しいママの胸に顔を埋めて泣くのではなく、ビデオの映像が自分の隠れ家ということは、果たして幸せなのでしょうか？

私は、この自然との関わりで遊ぶ本書を、ひとりでも多くのお父さんやお母さんが子どものそばで、家の中で、自然の中で、工夫しながらいろいろな遊具を作ってくださることを祈りながら訳しました。お子さんは、きっとそれをそばで見ていて、自分も手を出してくるでしょう。

学校の教科の先生がまず作られて、生徒と実験してみるのも素晴らしいと思います。

私は理工系ではないのですが、訳はかなり専門の方が見てくださいました。ことに、中学生・小学生のお父さんである地湧社の浅海邦夫さんがかなりのめり込んで、僕もまず水車を作ってみたいと思っています、と言われたのにはとても嬉しく思いました。

手作りの国、日本に、再び手を使う働きが見直され、心のやさしい子どもたちがどうぞ育ちますように、祈りを込めて。

2000年３月　那須にて

[シュタイナー教育参考文献]

『日本のシュタイナー幼稚園』
高橋弘子著 [水声社]
『シュタイナー幼稚園のうた』
R・シュタイナー研究所／高橋弘子編 [フレーベル館]
『幼児のためのメルヘン』
――シュタイナー幼稚園の教材集 I　S・ケーニッヒ編著／高橋弘子訳 [冬芽社]
『親子で楽しむ手づくりおもちゃ』
――シュタイナー幼稚園の教材集 II　F・ヤフケ著／高橋弘子訳 [地湧社]
『幼児のための人形劇』
――シュタイナー幼稚園の教材集 III　F・ヤフケ著／高橋弘子訳 [フレーベル館]
『自由への教育』
R・シュタイナー学校連盟編 [R・シュタイナー研究所]
『メルヘン論』
R・シュタイナー著／高橋弘子訳 [水声社]
『ルドルフ・シュタイナーの人間観と教育法』
広瀬俊雄著 [ミネルヴァ書房]
『魂の保護を求める子どもたち』
T・ヴァイス著／高橋明男訳 [水声社]
『R・シュタイナーと人智学』
F・カルルグレン著／高橋明男訳 [水声社]
『シュタイナー教育の創造性』
R・ケリドー著／佐々木正人訳 [小学館]
『思春期の危機をのりこえる』
――シュタイナー教育の実践的十代論　B・ステイリー著／高橋明男訳 [小学館]

【問い合わせ先】
ルドルフ・シュタイナー研究所
〒 248-0016 鎌倉市長谷 2-1-3
電話 0467-22-7075 FAX 0467-22-7074

◆著者紹介

ヴァルター・クラウル（Walter Kraul）

1926年、ミュンヘン生まれ。兵役従事ののち、1946年、物理学、数学を専攻、その時、ルドルフ・シュタイナーの思想に出会う。ヴェンデルシュタイン天文観測所での一年間の学術研究ののち、公立高校教師を一年務める。その後、シュトゥットガルトのシュタイナー学校教員養成所入学、1953年よりミュンヘンのシュタイナー学校の教師となる。高校の物理学、数学教師を務め、クラス担任となる。のちに、南ドイツとオーストリアのシュタイナー学校ならびに外国でのゼミナール指導に従事している。

◆訳者紹介

高橋弘子（たかはし ひろこ）

東京生まれ。1957年、慶應義塾大学文学部卒業。1957～59年、ミュンヘン大学留学。1964～66年、シュトゥットガルト、キリスト者共同体プリースター・ゼミナール留学。1971年ルドルフ・シュタイナー研究所を設立。1976年、シュタイナーの幼児教育研究のため、シュトゥットガルトに留学。1977年より学校法人・那須みふじ幼稚園理事長・園長として幼児教育に従事。また、シュタイナー幼稚園の教員養成ならびに一般の父母のための啓蒙活動を行っている。著書に『日本のシュタイナー幼稚園』（水声社）、訳書に『親子で楽しむ手づくりおもちゃ』（地湧社）などがある。

◆編集・デザイン協力

有限会社ワードクロス

◆装幀

小山忠男

水《みず》と遊《あそ》ぶ 空気《くうき》と遊《あそ》ぶ——シュタイナー学校の自然遊びシリーズ I

2000 年 4 月 30 日　初版発行

著　者　ヴァルター・クラウル
訳　者　高　橋　弘　子

発行者　増　田　正　雄
発行所　株式会社 地《ち》 湧《ゆう》 社
東京都千代田区神田東松下町 12–1（〒 101–0042）
電話番号 03–3258–1251
郵便振替 00120–5–36341

印　刷　半七写真印刷工業株式会社
製　本　小高製本

ISBN4–88503–151–6 C0037